视听节目
创意策划

打造优质作品

路俊卫 著

华中科技大学出版社
http://press.hust.edu.cn
中国·武汉

图书在版编目(CIP)数据

视听节目创意策划　打造优质作品/路俊卫著.--武汉：华中科技大学出版社,2025.9.
ISBN 978-7-5772-2105-2

Ⅰ.G222.3

中国国家版本馆CIP数据核字第2025GC1479号

视听节目创意策划　打造优质作品　　　　　　　　　　　　　　　路俊卫　著
Shiting Jiemu Chuangyi Cehua　Dazao Youzhi Zuopin

策划编辑：饶　静
责任编辑：张若愚
封面设计：琥珀视觉
责任校对：程　慧
责任监印：朱　玢
出版发行：华中科技大学出版社(中国·武汉)　　　电话：(027)81321913
　　　　　武汉市东湖新技术开发区华工科技园　　邮编：430223
录　　排：孙雅丽
印　　刷：湖北恒泰印务有限公司
开　　本：710mm×1000mm　1/16
印　　张：12
字　　数：185千字
版　　次：2025年9月第1版第1次印刷
定　　价：59.00元

在数智化浪潮席卷全球的今天，视听内容已成为人类获取信息、感知世界、参与社会生活的主要媒介。从传统广播电视时代的线性传播，到移动互联网时代的碎片化消费；从制作方单向输出的"你说我听"，到用户深度参与的互动共创；从本土化的文化表达，到全球化传播的"破圈"效应，媒介生态的剧烈变革，不仅重构了视听内容生产的逻辑，更对从业者的创意策划能力提出了前所未有的挑战。如何在这一浪潮中把握规律、突破窠臼、实现价值引领与市场认可的双赢，是视听内容创作者必须直面的课题。本书正是基于这样的时代背景，试图为传媒学子、行业从业者以及视听内容创业者提供一套系统化、实用化的方法论。

这本教材的诞生，源于对视听传播急剧转型时代的深切体察。当传统广播电视的黄金时代渐行渐远，当短视频平台的日活用户突破十亿量级，当人工智能生成的视听内容开始占据主流平台，视听节目创作已不再是简单的技术叠加或形式翻新，而是一场涉及传播学、艺术学、社会学乃至认知科学的多维变革。我们意识到，新时代的视听节目策划者不仅要掌握镜头语言、叙事节奏等传统技艺，更需要具备数字思维、用户洞察和跨媒介整合能力。正是基于这样的认知，我最终将理论与实践熔铸成这部体系化的专业教材。在写作过程中，我始终秉持三个核心理念：其一，破除传统媒体与新兴媒体的二元对立思维，着力构建融合传播的认知框架。书中既有对传统广播电视节目发展历程的梳理及经典案例的解析，也有对新兴数字平台爆款视听节目内容的创新解码，以历时性的对比研究，旨在帮助学习者建立立体化的视听节目生产认知体系。其二，强调策划思维的动态演进性。本教材对各类节目形态迭代演进轨迹都进行了探讨，节目模式的转向实质是社会文化的深层变迁。因此，教材不仅仅只是停留在节目形态的拆解层面，更深入探讨社会变迁、技术条件、政策环境等多重因素如何形塑策划方向。其三，注重文化价值与技术创新的辩证统一。本教材以一系列视听节目创新案例为研究样本，在探讨AI生成、虚拟制作等前沿技术时，始终保持价值坚守。在视听节目策划中，技术赋能不应是炫技式的堆砌，而应服务于文化内涵的创造性转化。

　　本教材力求实现从认知革新到实践落地的纵向贯通。开篇第一章系统解析了创意策划的本质与视听传播的底层逻辑，为后续研究奠定理论基础；随后五章深入新闻、访谈、脱口秀、综艺、文化等垂直领域，通过中外案例对比揭示节目类型差异与创新方向；最终章则聚焦策划的实施与出海，形成"认知—实践—升华"的完整闭环。这种结构既适合课堂教学的渐进式学习，也能满足从业者的按需检索。需要特别说明的是，本教材打破常规分类标准，将"人物访谈""脱口秀""综艺类节目"与"文化类节目"等看似重合但又具有新兴形态特征的节目类型并列研究。这种编排是基于对网络视听行业发展趋势的洞察，传统节目形态呈现新兴发展趋向，历时性与共时性交织的探讨，有助于学习者把握类型演进的内在规律。在案例选择上，我建立起全球视野与本土实践的双重视角，既深入解析 *The Voice* 等国际模式的成功密码，也系统总结《典籍里的中国》等中国本土文化节目的创新经验。特别是在第七章"中国原创节目模式'出海'策略"部分，我通过对中国视听节目模式海外版权的成功案例分析，提炼出文化出海困境的破解之道，为构建中国视听内容国际话语体系提供一些思考。

本教材的适用对象具有广泛包容性：传媒院校学生通过学习可以系统构建专业知识体系；一线从业者能够从中获取创新方法论；文化研究者可从中发现丰富的理论生长点；对于政府部门和行业组织，书中关于中华文化国际传播的路径研究，都具有参考价值。希望它不仅能成为一本工具书，也能激发更多关于视听内容未来形态的想象与讨论。

在这里要感谢湖北大学高水平研究生教材建设项目对本教材的支持。要特别感谢湖北大学新闻传播学院2021级专业硕士研究生，尤其是我的研究生许文杰、李昌硕、赵明珠、梁清梨、伍碧、邵媛、吴彦佳、余子琪等，本教材的写作得到他们的诸多帮助，尤其是案例分析方面，他们从年轻人的视角提出许多颇有见地的观点，也让本教材的案例更具前沿性。此外，还要特别感谢本书的策划编辑饶静女士，永远用平和的语调无比耐心地督促我克服拖延症，并在关键时刻给出专业性意见和帮助。

在媒介形态持续裂变的今天，视听节目创意策划教育的本质是培养"以不变应万变"的能力：无论技术如何演进，那些直击人心的故事、闪耀智慧的创意、承载文化基因的表达，永远是视听节目不可替代的价值内核。这也正是本书命名为"创意策划"而非"节目制作"的考量。我们始终相信，真正的创意源于对世界的深刻理解，而策划的本质是将这种理解转化为打动人心的视听语言。

路俊卫

2025年3月16日

目录
CONTENTS

第一章

视听节目创意策划概要

视听节目作为一种文化产品，兼具文化传播与审美体验功能。在数字时代，信息爆炸式增长，视听节目用户面临的选择极为丰富，其文化需求和审美需求也趋向多样化。一个具有创意的视听节目能够迅速吸引用户注意力，使其在众多节目中脱颖而出，并满足不同用户的多样化需求。同时，创意策划还能够提升视听节目的品牌价值和市场竞争力，吸引更多的社会支持，来提升节目品质、实现商业变现，以应对数字内容市场日趋激烈的竞争。在数字传播快速发展的挑战下，打造优质的视听节目内容已经成为视听节目制作、传播和运营的利器，也成为视听媒体数字化发展、品牌化竞争的重要途径。

第一节　视听节目传播生态的变革

随着媒体融合的深度推进，我国广播电视和新兴媒体在内容采集、技术应用、平台传播、管理手段上逐步实现融合共通，传统广播电视的融合转型使视听节目的内容与产品形态更加丰富，传播分发和用户服务能力也得到极大提升，传统广播电视行业已逐步实现跨地域、跨媒体、跨行业的生产传播，实现了视听传播产业的深度融合，从而使视听节目生产传播生态发生深刻的变革。

一、传统广播电视的融合转型

传统广播电视逐步走向融合发展是一个技术驱动、需求拉动、政策推动的综合过程。

传统广播电视与网络的融合是从广播开始的。20世纪90年代，传统广播行业开始尝试利用网络拓展传播渠道，1996年12月，珠江经济广播电台成为我国第一家实现上网实时广播的电台。随后，中央人民广播电台和中国国际广播电台也相继建立了官方网站。广播网站的出现使广播收听不再受地域限制，广播资源得以在新平台上实况整合和二次传播。这些网站不仅提供在线直播和点播服务，还逐步发展成为广播节目内容的重要展示平台。

进入21世纪后，传统省级广电开始尝试与网络融合，大量专业音视频网站也开始涌现，呈现网络电视台与专业音视频网站竞相发展的趋势。2003年9月东方宽频网正式开播，成为国内最早开始网络运营的省级广电网络。随后，国家行业主管部门对网络广播电视台实行"牌照制"，网络广播电视台拥有新闻资讯的采访制作权，成为集采编播于一体的网络化广电媒体。根据《中国网络视听发展研究报告（2024年）》显示，截至2023年年底，我国互联网视听节目服务持证机构共2989家，这些机构包括电台/电视台、新闻机构、网络表演经营单位、视频网站和影视制作公司等。

随着移动互联网的兴起，传统广播电视媒体和商业视听媒体都开始通过移动客户端开展网络视听服务，手机已成为网络视听节目的"第一终端"。中国中央电视台通过"央视新闻""央视影音""央视体育"等App，开展以手机为终端的包括点播、直播在内的网络视听节目传播，以及视频分享、信息推送等增值服务；同时依托社交视频平台开通官方公众号，提供节目直播、点播、回看等服务。其他地方台也同样是通过各地方融媒体平台、社交视频平台开展视听节目传播。融媒转型后的通讯社、报业集团等也开展视听内容生产，通过融媒体平台传播视听节目内容。

商业互联网公司也纷纷涉足网络视听业务，国内形成了以腾讯视频、优酷、爱奇艺等为代表的视频网站集群，以哔哩哔哩（以下简称"B站"）、抖音、快手、小红书等为代表的自媒体视频集群，还有专业音频平台如喜马拉雅、唱吧等。传统广播电视媒体和专业音视频网站各具优势，双方在节目策划、生产、营销等方面的合作共赢成为当前视听节目主要发展趋势，许多现象级的视听节目都是网台联动的成果，如《见字如面》《种地吧》等。这种融合发展实现了视听节目内容的多元化、渠道的多样化以及用户的广泛覆盖。

二、视听节目传播的场景重构

（一）从单屏观看到跨屏观看

传统电视观看依托一定的空间环境，且严格按照节目播出的时序，观众的自主性受到较大限制。与传统广播电视主要依靠固定的电视和广播信号传输不同，现代视听节目通过多种渠道传播，包括互联网、移动设备、智能终端等，彻底颠覆了传统广播电视线性传播的方式。这不仅使得人们可以随时随地观看视听节目，还能在观看的同时进行即时性社交互动。比如，《最强大脑》在节目播出的同时，通过社交媒体、网络直播等方式开展"竞猜最强大脑"活动，与观众进行多维互动，极大地提升了节目的热度和话题度。受众观看视听节目的自主性得到提升，可以自行选择并随时随地观看节目。移动终端尤其是智能手机的快速增长和普及，使得移动视听成为跨屏传播时代传统电视跨地域、跨时间的"补偿性媒介"，甚至是"替代性媒介"。

虽然跨屏观看给用户提供了更多的观看选择，但对于视听节目生产方来说，如何在不同设备上提供一致的视听体验是一个挑战。不同设备的屏幕大小、分辨率和操作系统差异都可能影响到用户视听体验，比如移动收视的传播特点决定了单个手机视听节目的时长应该缩短，大篇幅、长时段的传统视听节目内容不适宜在移动设备上播出。新媒体视听节目往往采取"长＋短"的方式抽取原节目中的精华段落，将其改编为5分钟之内的手机短视频系列进行点播。同时，新媒体视听节目还需考虑到移动视听受众的观看习惯，多采用近景、特写，而较少采用远景和大远景，以方便观众近屏观看。多屏互动要求视听节目内容生产需要更多考虑设备兼容性和不同的观看场景，这无疑也增加了内容制作的复杂度和成本。如何高效地将内容分发到各个终端也是一个技术挑战。随着跨屏观看技术的发展，如何确保视听节目内容的合法传播，避免侵权行为，同时满足不同地区的监管要求，也是跨屏观看在实际应用中需要面对的问题。

（二）从区域传播到全球传播

传统广播电视因信号覆盖范围的限制，只能形成一定范围的区域传播。随着移动互联网发展，视频网站、社交视频平台等使得视听节目传播被覆盖到更广阔的区域，形成全球范围内的传播。

我国视听节目通过多种渠道向全球传播，既有主流媒体视听平台，也有网络视听平台、MCN机构和民营制作机构等。这些主体在全球传播中形成了多元互补的格局。成立于2016年12月的中国国际电视台（CGTN）是我国面向全球播出的新闻国际传播机构，其平台播出的视听节目有新闻、纪录片、电视剧、文化类节目等，CGTN还提供多语种服务，满足不同国家和地区观众的需求，增强全球传播效果。此外，长视频平台如腾讯视频、爱奇艺和优酷等也向海外发行了大量剧集、综艺和电影，已经覆盖了200多个国家和地区；腾讯视频的国际版WeTV下载量超2亿。我国视听节目还通过多种国际合作和交流活动提升国际影响,"视听中国 全球播映"等活动推动了大量视听作品在海外主流媒体和新媒体平台播出,展示了中国的新时代形象和优秀传统文化。

与此同时,我国视听节目全球传播也面临挑战。首先,我国视听节目全球传播虽然渠道不断增多,但因语言、文化、地域等差异,也存在供需契合度较低的问题,节目内容与海外受众的需求不完全匹配。其次,由于语言和文化差异,有些视听节目进行本土化改编的难度较大,这制约了节目在全球范围内的理解和接受。另外,由于我国国际性平台影响力较小,难以与全球知名平台竞争,也导致我国视听节目在国际市场上的影响力受到限制。

三、视听节目传播的基本特征

(一)多元化形态

随着传统广播电视到视听新媒体的发展,视听节目也摆脱传统广播电视单一形态和物理介质传播限制,呈现出形态多元化特征。既可以按照播出平台将其划分为网络视听节目、交互视听节目、移动视听节目等,也可以按照播出内容分为融合视频新闻、网络综艺、微短剧等。在新媒体技术的赋能下,新媒体视听节目已经呈现出和传统广播电视截然不同的表现形态。其突出的特征就是三维动画、虚拟现实(VR)等新技术在节目中大量运用,从而提升了节目内容的创新表达。比如许多中华传统文化节目的活态化传播,《典籍里的中国》《诗画中国》等节目运用数字视听技术将静态的典籍文物进行活化呈现,从技术应用到节目形态都是对传统广播电视节目的创新演进。

区别于传统广播电视严格按照时序收看,新媒体视听节目的形态还具有灵活性、自主性特征,主要表现在节目时长、节目内容、节目风格等方面。传统广播电视节目受到播出时间的严格限制,时长一般是固定的,形成一个完整的栏目或者单元,观众收看需要在固定时段选择固定栏目观看。而新媒体视听节目则可以根据主题内容灵活调整时间,同时,网络用户还可以自主选择时间观看，并通过界面自主选择想看的片段。此外，新媒体视听节目内容和风格的选择十分灵活，往往能够根据社会热点话题来适时调整。新媒体视听节目更加注重个性化内容生产，网络用户自媒体内容也成为新媒体视听节目内容的重要来源，比如武汉电视台《民生e线》等地方电视媒体的民生新闻节目，许多新闻线索、话题都是来自社交媒体和短视频。一些传统电视访谈节目的升级改版也力求更加接近社会热点话题和人物，比如《锵锵三人行》改版为《圆桌派》，《鲁豫有约》改版为《鲁豫有约大咖一日行》《豫见后来》等，访谈话题和对象基本是网络热议话题或者热点人物。总之，新媒体视听节目从形式到内容都更加注重受众的自主性需求，与现实生活结合得更加紧密。

（二）智能化生产

新媒体视听是网络新技术发展的产物，技术变革也推动视听节目生产的创新变革，云计算、大数据、虚拟现实、生成式人工智能技术等都成为视听节目生产创新中的着力点，推动视听节目生产效率和质量的提升。

首先，云计算、大数据、文生视频等技术为视听媒体生产机制带来变革。当前我国视听媒体传播向云平台战略转型，在媒体深度融合的传媒变革中，"中央厨房"建设与云计算技术应用创新密不可分。云计算技术能帮助平台收集视频材料、输入媒体数据、连接直播信号等，同时能够大容量存储和传播内容；能够自动处理字幕、画面风格、音频节奏等，极大提高音视频生产效率。视听传播的智能化生产摆脱了物理条件对传统广播电视节目生产的制约，能及时将智能技术应用到视听生产的各个环节，比如当前数字新闻生产就是云计算、大数据等智能技术运用的代表性产品。

当前，生成式人工智能（AIGC）技术开始应用于视听节目生产。2024年初，OpenAI发布旗下首个AI文生视频大模型Sora。Sora能够根据用户文本描述生成高质量视频，展示了AIGC在理解和模拟世界方面的能力。文生视频大模型是一种能够由AI生成视频内容的大型机器学习模型。文生视频大模型基于用户的自然语言描述准确地生成相应视频内容。以用户给出的文本、图像、音频、视频等内容作为提示（prompt），文生视频大模型能够处理并结合用户提供的内容，创造出完全自主生成或拓展的视频。2023年7月，中央广播电视总台与上海人工智能实验室联合发布的"央视听媒体大模型"（CMG Media GPT），是国内首个专注于视听媒体内容生产的AI大模型。该模型集合了总台海量音视频媒体大数据，以及上海人工智能实验室"书生"通用基础大模型，包含新闻助手、数字人、文生视频、动画制作、场景渲染等功能板块，积极推进"思想＋艺术＋技术"的融合创新，在确保媒体真实性、安全性的基础上，运用生成式人工智能，提升视听媒体制作的质量和效率。2024年初，央视推出系列运用AI技术生产的传统文化系列动画短片《千秋诗颂》《中国神话》等，都是综合运用文生视频大模型、可控图像生成、人物动态生成等技术成果，来还原原汁原味的中国传统历史故事。

其次，智能生产能进一步强化视听节目的具身传播。增强现实、虚拟现实等技术运用于视频生产引发的视觉革命，在受众体验、终端形态、创作方式等多方面推动视频产业发展，并重塑受众的视听习惯。增强现实、虚拟现实技术打破时空阻隔，使受众具有强烈的代入感，形成沉浸式感官体验，在文化娱乐产业具有极佳的应用效果。同时，智能新技术赋能终端设备，进一步提升用户的感官体验，如虚拟现实技术运用于视听制作中，以高度想象力建构三维虚拟场景，使受众进入故事情境中，继而形成人景互动的沉浸体验，为受众带来"超真实"的体验感受。

最后，大数据、智能算法等技术重构视听媒体收视效果，颠覆了传统媒体时期依据收视率、阅读量等主要收视指标的评估体系。智能时代视听媒体可以抓取用户数据，全面掌握用户的媒体接触行为，助力完成对受众个性化的内容定制、个性化服务、全样本的市场评估，实现精准营销传播。

视听新媒体通过受众的多维度行为数据构建受众行为模型，以发现并满足受众潜在需求。新媒体视听节目的大数据、智能算法应用可发现受众在时间、空间等维度上的行为，提升用户数据颗粒度，确定每秒收视行为，再整理受众数据，形成更有效的市场评估体系。在传统收视率已无法体现日益精细的视频受众分流的情况下，智能技术为多元化收视终端的收视效果评估提供了依据。在直播、回看等多种时移收视、网络终端收视的环境下，多屏收视率突破了单一的电视收视评估指标，融合网络点击量、网络搜索量、网络转发量和吸引度等，保证了收视率评估结果的全面性、精确性。

（三）社交化传播

通过与社交媒体的深度融合，视听节目传播由传统电视主导的播放型传播模式向社交媒体主导的交互型传播模式转向。传统电视主导下的播放型传播中，受众是被动的，主要是接收电视单向传播的内容；而在社交媒体主导下的交互型传播中，受众是主动的，除了接收信息外，还可以搜索信息，甚至在网络上上传自己制作的内容。交互型传播特性给受众的互动参与带来极大的便利，交互型传播也成为新媒体视听节目不同于传统电视节目的鲜明特征。

视听节目的交互型传播的主要表现为，视听节目的创作者可以通过多种互动渠道实现与受众的即时性互动，在与受众互动中收集受众反馈意见，改进内容生产。其次，交互型传播极大便利受众参与到节目之中，受众不仅能对节目进行即时评论，还能将节目内容转载到其他社交媒体，进行实时分享，以吸引更多人参与到节目互动之中。受众参与式互动也成为新媒体视听节目内容生产的重要组成。

当前，很多民生新闻节目中有很多内容来自受众自己采制，这种受众自己采制的视频内容信息，通过受众的主动参与和上传分享，逐渐形成了一种不同于电视新闻的"非专业化"特征明显的新媒体视听节目形态。同时，很多视听节目形态还能形成线上线下交互型传播，比如一些文旅综艺节目，在节目播出的同时，也直播带货农产品，受众可以一边看节目一边直接下单购买农产品。IPTV与互动直播，可以通过在电视机终端植入部分互联网互动功能，打造新型"虚拟社区"，使受众之间可以实现视频通话、私信、留言等，还能直接享受电视购物、电子支付等服务，大大拓展了"人机互动"的空间和范围，部分实现了通过接收终端的"人人互动"。此外，像电子游戏类节目的沉浸式体验和角色扮演的功能，也都能充分体现新媒体视听节目在受众互动参与方面的优势。

新媒体视听节目既继承了传统广播电视节目的特点，也在不断适应互联网传播变化快、生命周期短的新型传播环境。而我们对新媒体视听节目的分类是相对的，很难囊括已经存在或正在产生的节目类型。新媒体背景下的视听节目处于动态发展进程中，随时能产生一种新的节目类型或一种新的节目模式，这也是新媒体视听节目能够保持活力的动力因素。视听新媒体的地位和作用，不取决于产业收入的规模，而取决于传播主流价值观的能力与效果。这就要求其视听节目内容策划要加快从技术思维到产品思维、用户思维再到价值思维的升级，实现从"有意思"向"有意义"、从唯流量向正能量的价值弘扬跨越，真正成为顺应时代发展需求的新媒体。

第二节　视听节目创意策划的界定

视听节目，是网络及数字化时代传统广播电视节目的融合发展与重新定义。20世纪80年代以来，随着中国广播电视节目的制播及载体不断升级换代，从传统广播电视播出延展到移动智能数字化传播，视听节目形成一个不断拓展的融合视听网络数字化的多元产业生态。视听节目必须顺应时代发展，不断"推陈出新"，节目创意策划也由传统广播电视节目内容策划到内容与运营并重的融合视听节目策划转型。

一、什么是创意策划

创意，即是我们时常说的"好点子"，它包含两层含义：一是指独特的立意、奇妙的构思、创新的技巧等；二是指创造出这些立意、构思、技巧的创造性思维过程。就视听节目创意来讲，有的在于节目形态的创意，也有的在于节目某个环节或者某个元素的创意。

创意和策划是密不可分的，二者是相互依存、相互促进的关系。创意是策划的核心，是策划中可以提升项目吸引力和执行效果的关键因素；策划是为了实现创意目标而进行的较为完整的过程，包括立项、筹备、策略、执行、评估等具体行动过程，是对创意的贯彻与实施。

在视听节目中，策划和创意的关系体现得尤为明显。一个成功的视听节目往往依赖于精心的策划和创新的创意。策划为节目提供了整体框架和方向，而创意则让节目更加吸引人，改善观众的观看体验。例如，文化类节目通过策划确定节目的文化内核和传播宗旨，而创意则体现在节目的表现形式、内容设计和互动环节上，使得节目既有深度又有吸引力。

"策划"一词自古有之，"策划思想"更是从原始社会便已经存在。原始社会中的人类在进行有预谋的捕猎行为时，就是在进行策划活动。此时人类的策划活动是以生存为目的。进入奴隶社会后，这时的策划被称为"谋略"，而谋士便是最早的活动策划师。谋士凭借个人智慧服务于国家的政治、军事以及外交活动，此时的策划目的从生存转向权力。

《后汉书·隗嚣公孙述列传》中"是以功名终申，策画（划）复得"是我国对"策划"一词最早的记载。司马迁《史记·孙子吴起列传》中的"田忌赛马"可谓是古代著名的策划案例，战国时代的军事家孙膑为田忌策划，最终在赛马中取胜。除此之外，三十六计和《三国演义》中的"空城计""草船借箭"等故事也都是古代军事策划的成功典范。

根据《说文解字》中的理解，"策"共有名词和动词两种词性。策划作名词共有八种释义，分别是："竹制的马鞭""驭马的工具""策略、计谋""用竹片或木片连编成的竹简""策书""应试者对答的文字""用于计算的筹子""卜筮用的蓍草"。该字做动词共有四种释义，分别是"驾驭""督促""拄杖""谋划、策划"。而"划"最早是与"画"互通，其主要意思便是谋划、计划、打算。显而易见，《后汉书》中所提到"策画"是取其名词的第三个意思、动词的第四个意思，主要是筹谋、谋略之意。

现代社会所谈及的策划最早来源于国外，欧美国家叫作"咨询"，日本叫作"企划"。日本策划家和田创认为：策划是一种智慧创造行为，是通过实践活动获取更佳效果的智慧。可以将策划理解为借助一定的信息素材，为达到特定的目的而进行的设计筹划，最终为具体的实践活动提供创意、思路以及对策。对于现代策划，许多人都将其与企业策划联系在一起，引述美国"哈佛企业管理丛书"中的论述：策划是针对未来要发生的事情做当前的决策。换言之，策划是找出事物因果关系，衡量未来可采取之途径，作为目前决策之依据。策划如同一座桥，连接着我们目前之地与未来我们要经过之处。我国现代策划兴起于1978年，这一年是中国开始实行改革开放，由传统计划经济转向开放市场经济的标志之年。各行各业面对市场竞争，尤其是要面对国际市场竞争，开始注重社会效益与经济效益，并进一步认识到"策划"是应对市场竞争的重要手段。因此，中国的现代策划也可以说是市场经济发展之下的产物。

策划一词也有广义和狭义之分。广义的策划是指：策划本身在人类社会中无处不在，可以运用在军事、政治、外交、艺术、生活方方面面，是人类为了达到某种目的，利用有利条件和个人智慧所采取的策略。上文中提到的古代社会的策划便是指广义上的策划。而狭义上的策划可以理解成：为达到特定的目标，在对各种相关因素进行综合研究分析之后制定某种计划，为具体的可操作行动提供创意、思路、方法与对策。其中，目标、计划、行动是策划的核心要素。

二、视听节目策划原则

中国传统广播电视出现之时需要有节目、栏目的设置，就有了节目策划、栏目策划的观念。到20世纪90年代，随着广播电视频道专业化观念的形成，广播电视频道策划的观念也逐渐形成。

1997年中国已有广播电台开始探索将传统节目内容在线播出，可以说是网络视听节目的早期探索。2004年，中国出现网络播客，用户可以下载音频节目到移动设备如iPod和MP3播放器中收听，网络视听节目的形式和内容逐渐丰富和扩展。20世纪90年代，中国网络用户开始接触国外网络视频。直到2005年初，国家广播电影电视总局颁发针对互联网视频的《信息网络传播视听节目许可证》，推动传统广播电视节目向网络视频节目发展。2006年被称为"中国网络视频产业发展元年"，这一年国内视频网站如雨后春笋般迅猛发展，网络视听节目也进入了发展的关键时期。

创意策划为视听节目带来无限提升的可能，也极大满足了受众对精神生活的要求。视听节目策划者不仅要保证节目能够吸引受众，还要保证节目能够达到预期的社会效益和经济效益，由此，视听节目策划还需要遵循以下原则。

（一）目标指向性和系统规划性相结合

确保节目策划有明确的目标，按照节目目标再来对节目进行系统性的统筹规划，以保证节目的方向性和整体性。节目策划目标指向性要注重现实导向原则，贴近现实，与人们每天生活相兼容，以满足观众的需求。

（二）受众流控制原则

通过目标受众的接收习惯来编排节目。在编排节目的过程中，要注意受众流的控制：首先，要争取目标受众规模最大化，让节目能够持续吸引目标受众群体；其次，要从竞争对象那里争取受众，力争从同类型节目、频道或者平台吸引到受众；最后，要及时了解受众反馈，及时回应受众诉求，以确保最少量受众流的流失。

（三）可行性效益原则

视听节目创作是一个高消耗、高投入的行业，策划创意必须立足现有的资源，具有可行性。在节约资源的同时将效益原则落实到节目策划与运营的各个环节之中，力争以最小投入获得最大化收益。

（四）节目效益的拓展

从运营节目到经营受众，在实现受众效益最大化基础上加强节目的长尾效益，而不只是追求单个节目的高收视或者高流量。

除以上原则之外，我国视听节目策划还有如下具体原则要求：

第一，在节目策划制作与生产上都必须符合社会主义核心价值观。弘扬主旋律，传播正能量。

第二，必须坚守文明健康的审美底线，在节目策划和制作过程中要坚决抵制色情、暴力等内容。同时各类节目都不能过度炒作。

第三，必须规范使用国家通用语言文字。

视听节目是网络时代对传统广播电视节目的重新定义与概括，因此，与传统广播电视节目相比，两者在节目策划上既有相同点也有不同点。两者的不同点主要表现在背景、策划范畴以及播放平台三个方面。

从背景来看，传统广播电视节目策划是建立在中国广播电视事业发展的背景下，而视听节目策划是建立在互联网、数字智能化传播发展的背景下。视听节目策划是网络数字传播时代传统广播电视节目策划的演进。

从策划范畴来看，视听节目的策划范畴要广于传统广播电视节目。传统广播电视节目策划最初偏重于节目内容策划，随着传统广播电视行业市场化发展，传统广播电视节目也逐渐重视市场策划、营销策划。视听节目策划始终坚持内容策划与运营策划并重。

从播放平台来看，传统广播电视节目播放平台主要是无线、有线广播电视网络，视听节目的播放平台已经延伸到移动智能数字平台。

从以上相同和不同点来看，从传统广播电视节目到网络数字视听节目，节目策划都是要根据目标受众、目标市场的潜在和现实需求，在分析内部和外部竞争环境的基础上，形成一个视听节目的创意方案，对节目主题、节目内容、节目形式、节目整体的风格、节目运营模式等一系列要素进行科学的规划，根据合理的指标评估节目效果并且对节目的发展趋势做出相应的预测。策划方案主体内容包括节目理念概述、可行性分析、执行思路和具体流程，是对节目进行统筹规划设计的系统性工程。

三、视听节目策划的内涵

视听节目策划的内涵可以从宏观、中观、微观三个层面来阐述。

视听节目策划的宏观层面主要指视听节目策划的理念内涵，包括时代性、专业性和创新性。时代性是指视听节目策划要紧扣时代背景，凸显具有时代特征的主题，传递深刻的文化价值和社会价值。专业性是指视听节目策划要强调视听表达专业特色，运用独特的视听语言来表达主题，注重节目的观赏性与体验感。创新性则是指在节目内容、形式、技术以及运营模式上的创新与发展。

视听节目策划的中观层面主要指视听节目策划的具体策略，包括确定明确的策划目标，制定完善的策划方案，做好策划方案的实施工作，运用调查法、经验法进行策划，以及深入分析节目定位、科学合理规划。在策划过程中，首先要明确视听节目的社会背景、类型和定位，以及节目的受众、形式和预期的社会舆论效果。其次对节目的整体结构、传播目标进行运筹规划，通盘考虑并合理规划节目名称、类别、主旨、目标，以及节目形态、风格、特点、诉求对象等因素。

视听节目策划的微观层面主要指视听节目策划中可操作的技艺与方法，包括视听节目的模式创新、制作宝典、商业运营模式等。节目的模式创新需要根据市场需求和观众喜好，设计出新颖、有趣的节目形式，以吸引观众。节目的制作宝典涉及节目的具体制作技术、环节和方法，确保达到节目效果。节目的商业运营模式则是通过有效的商业模式实现节目的盈利和可持续发展，扩大节目的影响力。

第三节　视听节目策划的基本结构

在进行视听节目策划之前，需要了解视听节目的分类体系和策划框架。从大类来划分的话，视听节目主要分为新闻资讯类和文化综艺类，而按照不同的划分标准，又可以细分为不同的类别，如国际通用的"四分法"将电视节目分为新闻类节目、文艺类节目、教育类节目、服务类节目。而随着视听节目的发展繁荣，创新性视听节目层出不穷，传统类别划分已不足以涵盖一些新的节目类型，当下很多创意性视听节目多是不同类别形式的融合创新，因此，视听节目策划不再强调传统的类别划分，更侧重于节目形态与节目模式相融合的生产。

一、节目形态与节目模式

在谈及节目策划时，我们通常将一个固化的节目形态称之为节目模式，而实际上这两个概念既有一定的联系，也存在一定的差别。

（一）节目形态与节目模式的差异

在现代汉语中，"形态"是一个常用的词汇。在《现代汉语词典》（第七版）中，"形态"的定义为"事物的形状或表现"，它涵盖了事物存在的样貌以及在一定条件下的表现形式，具有以下含义：事物的形状或表现形式，如方形、球形等都是具体的形状，而社会形态、经济形态等则是指事物在特定条件下的表现形式；还包括生物体外部的形状，如动物的体型、植物的叶形等；在语言学中，"形态"还可以指词的内部变化形式，包括构词形式和词形变化形式，如动词的时态、语态变化等。因此，"形态"是一个广泛而灵活的概念，它可以用来描述各种事物的形状、表现形式以及内部变化形式。

目前学界对节目形态的界定也并不统一，但大家比较认同的是，节目形态是根据节目形式、结构等方面要素进行聚类后的分类，即是从不同节目中提炼其形式、结构等方面要素，分类出在题材、内容、主题、风格、定位等方面大致相似的节目。比如访谈类节目形态，包括各类新闻访谈、文化访谈、娱乐访谈、情感访谈等多种类别，比如《面对面》《杨澜访谈录》《鲁豫有约》《十三邀》等，这些节目形态内核是主持人对嘉宾的访谈，其基本框架也是围绕访谈这一主线来设置。也就是说，在一种节目形态内核之下，也可以有各种不同主题、风格、定位的节目。

"模式"一词在《现代汉语词典》（第七版）中的解释是"某种事物的标准形式或使人可以照着做的标准样式"。在英文词典中对应的单词是format，词义是：样式、格式、设计、版式。按照文化产品的属性，具有创意性的视听节目在节目样式、设计、版式等方面具有一定的标准模式，这种模式具有创新性、稳定性和可操作性，可供同行业从业者参考学习。

因此，与节目模式相比，节目形态强调提炼节目的相似要素进行类聚，而节目模式更注重节目中独特创意性要素，并将其进行标准化而供其他同行业者参照效仿。一档优质的视听节目，其主题定位、内容编排、结构要素、制作技巧等各方面都可能作为该节目模式的组成部分，并成为一种固化成型的"节目模式"。节目模式既包括具有创意性的节目形态，也包括节目内容结构中具有创意性的标准化要素，有时是单个节目，有时是单个节目中某个独特要素，只要具有独特创意性而被业内其他节目效仿，都具备成为节目模式的条件。一般来讲，节目模式中都会有"模式眼"，即一个成熟且独特的标识作为节目模式的ID，如《中国好声音》的转椅子、《奔跑吧兄弟》的撕名牌等。这些在节目结束三五年之后仍能被回想起的元素，正是这些综艺成为头部节目的关键。《中国好声音》节目模式中的"导师盲选"环节以及"转椅"这些独特要素，就成为这一节目模式中的重要要素。

从当前视听节目生产来看，优质的视听节目不仅在节目形态上具有创新性，并且在节目内容编排、结构样式、表现形式，甚至是在某个环节要素上具有独创领先性和市场价值引领性，而成为可以作为同行业参照范本的"节目模式"。

（二）节目形态与节目模式的融合

节目形态与节目模式虽是不同的概念，且存在一定差异，但优质的视听节目往往是将多种节目形态进行创新融合，形成独特的节目模式，并且基于节目形态，在节目内容编排和节目环节中也融进了各类创意元素，成为节目模式的重要组成部分。因此，优质视听节目从节目形态到节目模式都具有独创性。

节目形态的划分，是传统广播电视节目基于内容、形式、功能等方面特性对节目来进行分类，节目模式则是基于将传统广播电视节目作为文化工业来进行考察。作为文化产品，广播电视节目需要有一定的标准化生产流程，因此从节目生产的实际需要出发，通过对优质节目的成功元素进行提炼，使之成为一套标准化的生产规范，可作为工业产品大量复制生产中的参照样本。因此，同样一种节目形态，也可能会有多种不同的节目模式，比如"真人秀"这种节目形态就有"选秀类真人秀"（如《超级女声》）、"亲子类真人秀"（如《爸爸去哪儿》）等层出不穷的节目模式；同样，同一种节目模式，也有可能会融入多种不同的节目形态，比如"真人秀"节目模式中也会将微纪录、访谈、综艺、竞技等多种节目形态融合到节目之中。

随着视听节目的发展繁荣，视听行业竞争日益加剧，用户需求呈现多元化趋势，节目市场的垂直细分更加细化，视听节目的创新形式层出不穷，当前的视听节目不再是单一的形态，而是呈现显著的多种形态融合趋势。节目模式是通过具体的节目进行呈现，其所呈现出来的节目的基本样态可以作为其他节目复制、仿效的基本模板，因此，节目模式中往往也有多种节目形态元素的融合。

在当前视听行业不断发展的背景下，优质视听节目的节目模式往往是多种节目形态的复合体，将多种不同节目形态的特性高度融合到一个节目之中，成为一个新的节目模式。比如近些年兴起的中华传统文化类节目《典籍里的中国》，就将访谈、综艺、服务、纪实等多种节目形态高度融合在一起，形成一种复合型的节目模式。节目模式的创新生产中，越是复合成分高的节目模式，往往越能吸引广泛的受众群体，从而流行程度也越高，因为其混搭要素能够满足不同层次观众的多种需求。并且这种复合程度较高的节目模式，其被抄袭效仿的难度也较高。当下很多成功的创新性节目模式，很难将其归属到此前某一单一的节目模式中，并且因其节目模式的复合性、独特性，往往能够起到引领、创造某种新的节目形态的作用。比如河南卫视中华文化节庆节目"奇妙游"系列，将传统文化与现代元素相融合，用美轮美奂的视觉呈现来展现中国传统文化，形成了中国传统文化节目的一种创新模式，为中国传统文化视觉呈现的创新表达提供了很好的参照范本。

二、视听节目策划的内容框架

视听节目策划的内容框架主要包括节目宗旨、节目定位、节目策划人、节目版式、节目运作方式、节目推广与宣传等方面，这也是节目策划案的基本内容。

（一）节目宗旨

节目宗旨是一档节目的灵魂，是指节目的主旨、方向和社会形象，包括节目的教育意义、文化传播、社会影响等方面，节目宗旨的价值直接决定了这档节目的价值。节目宗旨可以细分为节目目的和节目目标两个方面。其中，节目目的主要指该节目从宏观上追求的社会效益以及社会效果；节目目标则是指该节目从微观上对节目目的的具体落实。比如辩论类综艺节目《奇葩说》，这档节目的宗旨就是"在华人圈内寻找最会说话的人"。

（二）节目定位

节目定位是指视听节目制作者对节目的主题、内容、目标受众、节目形式和风格、制作风格等的规划。包括节目主题定位：节目主题应兼具时代性与普遍性、融合新颖性与独特性，并注重故事性与趣味性的平衡，既顺应时代发展背景，又要具有一定的可视性和吸引力。受众定位：确定目标受众群体，以及这些受众的特定需求和兴趣。内容定位：根据目标受众的特点，确定节目的内容方向，如教育、娱乐、新闻等，并确保内容的质量和相关性。形式和风格定位：选择适合目标受众的节目形式和风格，如谈话节目、真人秀、纪录片等。制作风格定位：确定节目的视觉效果、音频质量等，以提升观众的观看体验。通过明确的节目定位，节目制作人员可以更好地规划和执行节目的制作流程，确保最终呈现的内容能够满足预期的观众需求，同时也能够在竞争激烈的传媒市场中脱颖而出。

（三）节目策划人

在节目策划中发挥主要作用的是节目策划人。一般来说，节目策划人应该有两类人。第一类是在制作专业性较强的节目时所需要的相关领域专家，比如法律类节目需要有相关法律专家的参与策划，情感类节目则需要有相关心理学专家参与策划。第二类是视听节目制作方面的专家，这类专家主要负责具体的节目制作及运营。这两种专家共同承担了节目的核心策划与制作，为节目提供专业的咨询以及制作意见。

（四）节目版式

节目版式包括节目时长、播出时段、版块结构、制作包装、节目主持等，这是节目策划的核心部分。

节目版块结构包括节目的结构方式、子栏目或者子环节的具体设置及相互关联性、各个部分的风格特点等。

节目制作包装包括节目各环节具体制作及制作风格。节目的片头、片中、片尾背景音乐、舞台设计、视觉效果等都要形成统一的风格。节目制作包装应该符合节目的整体定位，比如《典籍里的中国》这档节目在谈及各类典籍时，配乐古典且有厚度，尽显厚重历史故事的韵味。

节目主持人的风格是一档节目的"门面"，换句话说，主持人的风格可以体现一档节目的风格。自身风格和节目定位相匹配的主持人和节目之间是水乳交融的关系。例如央视节目主持人董卿身上散发出"腹有诗书气自华"的文学气质，就十分适合主持文化类节目。提到董卿，大家自然就联想起她主持的《中国诗词大会》《朗读者》等代表性节目。

（五）节目运作方式

视听节目的运作方式有三种，分别是制片人核心制、编导核心制以及主持人核心制。

其一，制片人核心制。我国运用这种模式是从中央电视台新闻中心开始，《东方时空》是最早采用制片人核心制的栏目。这种模式是指制片人掌握节目方向、制作及运营，负责整档节目的形态与版式。在这种模式之下，不同风格的编导都要按照制片人所定制的模式制作节目。

其二，编导核心制。它指的是在节目制作的过程中，编导占主导地位，全权负责节目，编导也是制片人角色。这种模式在传统电视节目制作中是最为普遍的，同时这种模式能够大大地提高编导的积极性。

其三，主持人核心制是舶来品。它是指主持人掌握节目终审权，同时也是增强节目竞争力的一种手段。一个主持人代表一种独特的形象，这种模式在国外较为成熟，许多节目以节目主持人来命名，比如《奥普拉脱口秀》，节目多以节目主持人或节目主持人为核心的团队来确定选题与制作风格，节目主持人是节目风格的显著标签。

（六）节目推广与宣传

推广与宣传在节目策划中也是重要的一环，是树立节目形象并与受众建立连接的手段，同时也是节目达到社会效果与效益的重要环节。节目推广与宣传一般从以下四个方面进行。第一，节目组自己组织特色活动宣传，最简单的例子，就是各类节目在社交媒体平台通过创立话题等方式进行线上的活动宣传。第二，通过节目自身的纪念性活动进行宣传，比如以节目的开播周年来筹办大型活动进行宣推。第三，借助当下社会热点活动或者话题进行宣传。比如在离婚冷静期政策出台不久，《再见爱人》节目组就邀请了正处于离婚冷静期的嘉宾进行讨论，嘉宾讨论引发网友们的网络热议，一度成为热搜话题。第四，多平台、多媒介进行宣传。可以依托不同媒体平台的风格特点来持续推动节目热度。这部分内容将在后面相关章节中详细阐述。

三、视听节目策划的基本元素

视听节目策划的基本元素分为两个部分：内容元素和形式元素。内容元素包括立意元素、主题元素、风格元素；形式元素包括人物元素、场景元素、情节元素、背景元素、声音元素、时间元素等。内容元素是基础，形式元素服务内容元素的呈现，二者是相互依存的关系。

在内容元素中，立意元素是节目的旗帜和灵魂，体现着节目创意策划者的价值观念；一档视听节目也是创作者的价值观念的表达与输出，体现着创作者的精神思考和价值追求。主题元素是立意元素的具体落实，节目创作者选择合适的主题故事或者话题讨论，来实现价值观念的输出。风格元素是指节目的基本形态、模式和风格，比如是选择谈话类模式还是综艺类模式等。

形式元素则是具体构成视听节目的各个环节，即这档节目有哪些人物出场，在什么样的场景中完成，发生怎样的情节故事，有哪些背景和声音元素，在多长的时间内来完成等，最终形成一档完整的节目。

内容元素和形式元素可以用表1-1来表示。

表1-1　视听节目策划元素表

类别	元素	元素内容
内容元素	立意元素	价值取向、立意方向、受众目标等
	主题元素	主题内容、目标定位等
	风格元素	严肃、轻松、活泼等风格
形式元素	人物元素	主持人、嘉宾、参与者等
	场景元素	室内、室外、场景、舞美、灯光、道具、服装等
	情节元素	悬念、冲突、情感、节奏等
	背景元素	片头、片尾、字幕、片花、背景片、宣传片等
	声音元素	音响、音效、音乐等
	时间元素	节目时长、播出时段、播出次数等

以上节目策划元素表的主要作用为启发、指导视听节目策划者来进行节目策划，通过运用创意策划思维来寻找各种元素进行组合或创造，以创造出新型元素来开发出新的节目。同时，创意策划者也不必拘泥于策划元素表，也可以按照实际情况来构思新的要素创意，毕竟创意本身就是不断突破和创新的行为过程。

第二章 视听新闻类节目策划

新闻节目一直是大众传播的重要内容，尤其是在广播电视节目的传播系统中，新闻节目一直占据主导地位。我国广播电视新闻承担着传递信息、宣传政策、引导舆论、凝聚共识等重要功能，因此在我国广播电视媒体中素有"新闻立台"的说法。随着传播技术的迅猛发展，人们获取新闻资讯的渠道日益多元化，也给新媒体背景下的视听新闻节目策划带来机遇与挑战。在传统媒体向媒体融合转型发展过程中，传统广播电视新闻自身的局限性影响着新闻信息的传播效果。因此，视听新媒体环境下的新闻节目必须充分利用媒体融合的手段，创新传播内容与形态，不断提升传播力、引导力、影响力与公信力。

第一节　视听新闻节目的形态与特征

视听新闻节目由传统广播电视新闻节目发展而来，以图像、声音等符号组合，通过现代电子技术等传播手段，向观众报道新近或正在发生的事实。随着视听融媒体发展，视听新闻节目又依托新媒体技术呈现出多种形态。在视听新媒体时代，视听新闻比传统广播电视新闻更具影响力。

一、传统视听新闻节目的形态

广播电视以综合视听方式为受众传递新闻信息，在长期发展过程中，广播电视媒体形成相对固定的新闻报道理念与方式，由此产生一系列基本节目形态，成为广播电视新闻节目生产的基本制作框架。广播电视新闻节目这些基本节目形态仍然是视听新闻节目的主要形态，按照报道形式来分，主要可以分为消息类、专题类、言论类、杂志类等四类。

（一）消息类新闻节目

在视听新闻节目中消息类新闻节目仍然占据主体，消息类新闻节目以报道国内外最新发生的时事热点为主，能够整理和汇集动态消息，是受众了解国内外大事的主要窗口。

消息类新闻栏目主要有以下特点。

1. 快速

消息类新闻就是以快取胜，时效性要求极强，记者必须在最短时间内将最新发生的新闻事件告知受众。融媒体时代，4G/5G网络和视听传播新技术的迭代发展，使得在新闻现场即时发布最新的信息成为可能，极大提升了消息类新闻的时效性。

2. 简短

新闻的快和短是相辅相成的关系，消息类新闻的主要任务是将新闻事件尽快报道出去，消息类新闻尽可能用最简洁明了的方式来报道事件要素，清楚告诉受众何人（who）、何时（when）、何地（where）、何事（what）、何故（why），即满足新闻消息的"5个W"要素。视听新闻要求新闻编排在声画制作上能尽可能清楚表达以上要素，使受众在有限篇幅中尽可能掌握更清晰、更多的信息要素。

3. 灵活

消息类新闻因其简短的特点，形式上也较为灵活。消息类新闻的灵活主要表现在风格和形式表达上。在风格上，消息类新闻可以分为较为严肃的时政新闻（如中央电视台《新闻联播》）和较为活泼的民生新闻（如各地方台的民生新闻栏目）等；在形式表达上，消息类新闻可以灵活运用视听元素来呈现新闻内容，视听消息类新闻除了图像新闻外，还有口播新闻、字幕新闻、图片新闻等多种形式，这些形式可以依据消息内容特性来进行相应的应用。

（二）专题类新闻节目

专题类新闻节目的"专"是指特定的主题和内容，往往是围绕一个主题或者某个热点新闻事件，在报道新闻事实的前提下，对新闻事实及其问题做出深度分析，通过独特的思考和感悟引发观众的思考。专题类新闻是进行深度报道的一种节目形态，包括深度报道、专题报道、纪实类型专题纪录片等。专题类新闻节目因为注重深度，节目时长相对较长，内容广博，思想深刻独到，信息量较为充实。

专题类新闻节目内容丰富多彩，涉及社会生活的方方面面。在表现形式上，有故事式、故事评论式等灵活多样的表现形式。专题类新闻节目主要有以下几个特点。

1. 内容主题具有时代性和典型性

专题类新闻一般是紧扣时代脉搏，选取典型新闻事件来挖掘出具有时代意义的深刻主题。如在我国"脱贫攻坚"工作中，贵州省易地扶贫搬迁是全国样板，为报道这一工作成就，2019年，贵州电视台推出专题系列报道《我是188万分之一》，6路记者奔赴6个易地扶贫安置点，选取儿童、青年、老年、返乡创业者、基层干部等最具代表性人物跟踪报道。6集专题报道了6个人物，用生动的人物故事和温暖感人的生活细节，为全国脱贫攻坚工作提供借鉴，充分展现党和政府以人民为中心的执政理念，凸显了中国经济社会发展的巨大成效。该专题也获得第三十届中国新闻奖专题一等奖。

2. 内容思想具有深刻性和启发性

相比较消息类新闻的快和短，专题类新闻讲究的是深与广。新闻专题往往选取具有社会反响和价值的事件或材料，充分挖掘事件来龙去脉、前因后果，对其进行全方位、多角度、深层次的分析，从中找出规律，揭示本质，以鲜明的观点来吸引受众，并引导受众深入思考。如2019年浙江电视台推出专题系列报道《"并村"之后》，对温州8个不同类型的"并村"改革点进行蹲点采访，记录了中国乡村基层治理改革中浙江省的探索与实践。选题上契合了"社会基层治理"的大政方针，从小处着眼，在报道上深度挖掘百姓关注的乡村基层改革矛盾焦点，集互动性、故事性于可视性、引导性之中，展示了乡村治理中的"浙江智慧"，也给全国乡村基层治理带来启发与借鉴。

（三）言论类新闻节目

言论类新闻节目也称评论类新闻节目。言论类新闻节目是针对当前具有普遍意义或者关注度较高的热点事件、社会现象来表达意见和态度的新闻节目形式。言论类新闻节目通过对新闻事件的理性分析和思考，以观点和意见引导社会舆论，帮助社会公众进行理性思考。言论类新闻是新闻节目的旗帜和灵魂，也代表着新闻节目的核心竞争力。言论类新闻在内容上具有政论性、思辨性、导向性特点，在形式上深入浅出、言简意赅，如中央电视台《焦点访谈》，以及央视新闻的融媒体短视频《主播说联播》，都是具有社会影响力的言论类新闻节目。

言论类新闻节目的主要特点如下。

1. 凸显评论功能,发挥舆论引导作用

新闻评论是一种表达意见的特殊形态,它能以简洁、有力而又不失深度的方式,向受众传递信息和观点。在重大事件发生后,《东方时空》《焦点访谈》等新闻栏目都会及时发出评论,对事件进行解读、剖析或做出预测,引导社会舆论。在重大事件发生后,很多新闻栏目也推出了特别报道或深度报道版块,重点对相关问题进行深入的解读和探讨。

视听新闻评论有两种基本形态。第一种是论理型的述评类新闻评论节目。这类节目基于一定的新闻事实对这些新闻事实的评论,也就是将"述"与"评"相结合,"让事实说话",从而表现节目的立场与观点。在画面与语言的结合上,以画面来呈现事实,以语言来提升节目的思想性,以达到说理的目的。如中央电视台《焦点访谈》就是比较典型的述评类新闻评论节目,该节目的栏目语就是"用事实说话",每期节目围绕社会热点问题进行分析,在对事实进行充分报道的基础上,然后以评论对这一问题进行分析,就事论理。

第二种是谈话类型的新闻评论节目。这种节目常常以新闻评论员、新闻当事人、观众参与的访谈、对话等形式,在对话交流中表明态度和主张。如中央电视台《新闻1+1》,设立一名主持人和一名评论员,在主持人和评论员的互动中分析问题,旗帜鲜明地表达观点。谈话类新闻评论节目强调互动性、参与性,在现场采访记者、主持人、新闻评论员之间建立起一个"谈话场",观众也容易形成一种代入感,仿佛置身于一场对话之中,节目中传递的观点和意见容易得到强化和放大,节目的"谈话场"由此就形成"新闻舆论场",发挥舆论引导的作用。

2. 以思想观点为核,体现舆论监督作用

新闻评论类节目发挥新闻舆论监督的作用不可小觑,它是新闻媒体践行舆论监督的一种主要方法。传统媒体时期,新闻评论节目基于思想观点的表达,使得舆论监督和批评报道成为新闻评论节目最有影响力的表现,以至于很多人将央视《焦点访谈》节目等同于舆论监督节目。在新闻评论节目中,引导舆论是其主要功能,它通过报道和评论,将社会现象纳入公众视野，反映社会热点和焦点问题，推动政策完善，促进社会公正与和谐。

新闻评论节目的舆论监督也是社会监督机制中重要的一环。新闻评论节目通过公开报道和揭露不法或不道德行为，满足公众知情权，引导大众参与评论，通过评论行使表达权，表达看法与意见，形成强大社会舆论压力，促使相关部门改正问题，维护社会公正。因此，新闻评论节目可以发挥社会舆论监督的作用，促进社会监督机制的健全，也是表达民意、畅通言路的重要环节，对促进公共政策的完善和执行、促进社会稳定和谐发展都能起到重要作用。比如《焦点访谈》节目的舆论监督涉及卫生、教育、食品安全等与老百姓息息相关的方方面面。比如，节目曾对广东省德庆县存在的非法采血问题进行报道，非法采血严重威胁了人民群众的健康和安全。节目报道后，卫生部高度重视，有关部门连夜进行处理，有效遏制了非法采血行为的蔓延。

3. 以建设性话语评论，提升媒体公信力

建设性话语通过明确表达观点和意见，能够引导社会舆论的方向。在新闻评论节目中，主持人或评论员通常会就某一事件或现象进行深入剖析，并给出自己的见解和建议。这些建设性话语不仅关注问题的表面现象，更深入挖掘问题的根源和解决方案。通过提出具有针对性的建议和措施，推动相关部门和机构积极解决问题。这种积极的建设性话语有助于形成解决问题的合力。

新闻评论节目中的建设性话语强调理性、客观和公正，能够引导公众理性看待问题，避免情绪化的反应和极端言论。同时，建设性话语还鼓励公众积极参与社会事务的讨论和决策，增强社会的凝聚力和向心力。这些建设性的话语不仅为公众提供了思考问题的新视角，还有助于形成积极向上的社会氛围，提升公众的素养和认知能力。此外，建设性话语还鼓励公众关注社会问题，积极参与公益事业，培养公众的责任感和使命感。

新闻评论节目中的建设性话语体现了媒体的社会责任感和使命感。通过客观、公正、理性的分析和评论，媒体能够赢得公众的信任和尊重，提高自身的公信力和影响力。这种公信力是媒体在信息时代立足和发展的基石，也是其履行社会责任的重要体现。比如《焦点访谈》曾报道了"三北防护林"被滥砍滥伐的问题，这一报道引起了国务院领导的高度关注。在《焦点访谈》的推动下，国家出台了保护天然林的相关政策与法规，有效保护了森林资源。

（四）新闻杂志类节目

新闻杂志类栏目又称为杂志新闻节目，是视听新闻深度报道的重要节目形态之一。新闻杂志类节目借鉴杂志的综合编排方法，利用视听传播优势和报道、评述手法，按照栏目的宗旨，将不同样式和内容的新闻节目版块或小栏目串联起来，形成一个完整的节目，在固定的栏目和时间播出。

该类型节目的主要特点如下。

1. 杂而有序，中心突出

新闻杂志类节目内容丰富多样，涵盖了多个领域的新闻事件。然而，这些新闻事件并不是杂乱无章的堆砌，而是通过精心的编排和串联，形成一个中心突出、逻辑清晰的节目整体。

在新闻杂志类节目中，主持人起着至关重要的作用。它不仅需要主持人具备良好的语言表达能力和新闻素养，还需要具备丰富的知识储备和敏锐的洞察力。通过主持人的串联和引导，观众能够更加清晰地了解节目的内容和主题。

2. 综合性强，灵活多样

新闻杂志类节目采用了多种报道和评述手法，如现场报道、访谈、评论等，使得节目形式更加灵活多样。同时，节目还注重与观众的互动，通过设立观众来信、热线电话等方式，增强了节目的参与性和互动性。

新闻杂志类节目通常具有多个小栏目或版块，每个栏目或版块都有自己特定的主题和报道内容。这种栏目化的设置使得节目内容更加丰富多彩，同时也方便观众根据自己的兴趣选择观看。

3. 注重深度报道和分析评论

与一般的新闻报道不同，新闻杂志类节目不仅关注事件的动态播报，还注重对事件的来龙去脉进行深度挖掘和解剖式的分析评论。这使得观众能够更深入地了解事件的本质和影响，从而增强对新闻事件的理解和认知。

我国还有许多具有代表性的杂志类新闻节目，如央视的《朝闻天下》、北京电视台的《北京您早》等。这些节目涵盖了国内外多个领域的新闻事件和资讯，采用了多种报道和评述手法，如现场报道、访谈、评论等，注重新闻报道的时效性，及时传递最新信息，不仅对新闻事件进行动态播报，还注重事件的来龙去脉和背景分析。

二、新媒体视听新闻节目的形态

随着新媒体技术的迭代发展，数据可视化、交互技术、人工智能等新技术进入视听新闻生产；同时，视听新闻节目的生产主体也日益多元，可以分为用户生产内容（UGC）、专业生产内容（PGC）、职业生产内容（OGC）等，从而使当前新媒体视听新闻节目也呈现日益多元丰富的形态。视听新媒体新闻节目的形态主要有以下几种类型。

（一）短视频新闻

短视频新闻的长度通常以秒或分钟为单位，主要依托移动终端实现快速拍摄与美化编辑，并在网络社交媒体平台上实时分享。这种新闻报道形式通过智能推荐算法与用户无缝对接，使新闻内容能够迅速触达目标受众。

短视频新闻的主要特点如下。

1. 轻量化传播

首先，短视频以篇幅短小精悍极大满足受众的碎片化观看需求，以央视新闻在抖音上开通的官方账号为例，其所发布的视频内容时长平均都在一分半钟之内，内容基本都是新闻现场的关键画面、新闻采访的关键词句等碎片化内容。其次，在内容叙事上呈现碎片化特征。传统的新闻节目一般会满足新闻事件的"5个W"要素，即告诉受众事件发生的经过、结果等。而短视频新闻则是抓住只与主题相关的核心信息，用更紧凑、更简洁、更精炼的方式来呈现新闻内容，用更简洁、突出的叙事信息完成对新闻事件的直接传播。

2. 突出现场感

短视频新闻创作门槛较低，没有经过专业训练的普通公民也能做到随时拍摄，只要有智能手机等移动终端，用户就可以即时采集、即时发布第一手新闻素材，因此，网络平台大量的用户生产内容成为视听新闻资讯的主要来源。与专业记者所不同的是，网民可以作为当事人、目击者等记录事件，这些现场记录甚至很多成为专业媒体新闻生产的信息来源。这使得越来越贴近现场的视听新闻大量涌现，成为当下视听新闻节目的主流现象。

短视频新闻的创作形式也非常灵活，可以调动图片、文字、音乐、特效等多种表现形式，更突出、生动地报道新闻事件。字幕、背景音乐等在短视频新闻中都有着渲染画面情感、突出新闻主题、传递情绪等功能。同时，运用Vlog、航拍等多种拍摄方式，使得新闻现场的呈现更加丰富。

3. 竖屏播出

首先，短视频新闻主要接受者是手机用户，竖屏播出成为短视频新闻传播的主要特征。竖屏观看的主要特点是拉近观看距离，更容易展示近景、特写等内容，视角更聚焦，更容易给受众带来沉浸感，因此，短视频新闻更适合新闻现场的报道。其次，竖屏还可以利用上下分屏方式同步展示多画面或字幕，使得视频信息的内容呈现更加丰富。最后，短视频新闻的竖屏播出便于通过社交媒体平台实现快速传播，一键上传、转发、评论、点赞等社交功能的加入，极大地丰富了新闻产品的社交表达自由。

（二）网络新闻直播

通过网络平台进行直播成为传递新闻现场信息的重要形式。依托移动智能技术，网络新闻直播在继承广播电视直播新闻性、实时性、现场感特点的基础上，呈现出营造共时时空语境、搭建社交化场景的全新传播语态。

网络新闻直播的主要特点如下。

1. 移动性与交互性

首先，网络新闻直播打破了传统电视直播空间的限制，依托手机为代表的移动终端，用户可以随时随地接收信息。其次，移动直播可以增强屏幕内外的互动，新闻信息的接受者也是内容生产的参与者，在新闻直播的对话、互动中，不断丰富新闻传播的信息内容。

2. 多屏融合传播

网络直播改变了传统电视直播单一的信息传播方式，利用网络传播的多通道，将信息传播主动权让位于用户，用户可以根据自己的选择来切换画面。同时，网络直播还能提供实时动态视频，与电视大屏直播相互呼应。比如，在春节联欢晚会播出时，电视大屏播放节目现场，手机小屏在直播的同时会设置抢红包等互动环节，形成大屏直播、小屏互动的多屏直播观看体验。

3. 慢直播新形态

慢直播是用镜头直接展示现场真实情景，没有旁白，没有外界其他干涉，让观众在观看中去发现自己感兴趣的内容。慢直播时间较长，能够较完整地呈现事件进展，给用户带来身临其境的感受。比如：在抗击新冠疫情的关键时刻，央视频开启"全景直击武汉火神山、雷神山医院建设"的慢直播，呈现两家医院的建设情况。上亿网友充当"云监工"，直播开通不到3天，累计访问量已达2亿人次，同时在线人数超3千万。慢直播给用户提供了实时在场体验，同时，在当时特殊情况下，慢直播提供的用户实时互动让用户感受到陪伴感和安全感。

（三）视听交互新闻

网络技术为信息传播的及时反馈创造了条件，视听交互新闻成为一种融合新闻传播形态，即通过视频互动，用户在一定程度上可以自己决定阅读速度和方向，同时进行内容的加工生产。这种视听交互新闻叙事呈现出明显的开放性特征，从跟帖留言到点击翻页再到新闻游戏，从文字到融合影像，用户的介入行动也历经了一个由浅入深的过程。

视听交互新闻最突出的特征如下。

1. 用户主导内容叙事

在交互式新闻中，信息的接收者从受众转换到用户。每个阅听人既是叙事者也是阐释者，既可以扮演内容中的角色，也可以成为新闻叙事的导演者与新闻事件的评价者。交互展开都基于用户的行动，这种选择权与存在感的提升，会极大地激发用户的参与兴趣，提升用户的视听体验。这种用户主导的交互新闻叙事分为两类。一类是封闭性叙事，用户在观看时利用点击、会话等交互行为改变新闻内容，但所有的内容框架和展示结果都被限制在制作者预先设计的范围之内，因而这种交互叙事虽由用户自主主导，但结果仍是封闭的。另一类是开放性叙事，用户可对视听文本进行再创造。比如：为纪念中国人民解放军建军90周年，《人民日报》新媒体推出基于H5技术制作的新媒体交互新闻《快看呐！这是我的军装照》，引导用户上传个人头像照片并选择军装年份，生成属于用户的不同年代的军装照片。这种开放的叙事空间带给了用户深度参与的视听体验。

2. 游戏化参与内容生产

新闻游戏是一种具有游戏特征的交互新闻类型。在新闻游戏中，新闻事实是最为重要的内容支撑，传播价值是新闻游戏的内核。基于游戏化的交互界面，用户通过对游戏的参与和互动来获知新闻内容或体验，用户的自主性探索加强了沉浸感和卷入感，在深度参与和扮演中获得深刻的情感体验，从而更好地体会新闻事件的本质。新闻游戏打破了传统新闻作为严肃文本的角色，使得用户在互动游戏中深入介入新闻事件。2022年，为迎接党的二十大召开，封面新闻主导推出新闻游戏"大国工程我来建"报道，用户可以拼接大国工程3D模型，深入了解大国工程的相关知识，感受到大国工程的恢宏气势。新闻游戏设计一方面要注重用户的可玩性体验，另一方面也要基于新闻事实的内核。例如：2015年由网易新闻推出的新闻游戏《逃跑人的日常》，是为纪念反法西斯战争胜利70周年特别策划的。用户在游戏中扮演战俘角色，通过一系列选择尝试逃离战俘营，体验第二次世界大战期间的种种历史。这款新闻游戏有真实的历史数据及背景资料加持，符合历史事实。当玩家做出慎重的选择依然在游戏中死亡时，能更深刻感受战争带来的伤害。画面的血腥悲惨、音乐及音响的沉浸伴随都使玩家能更身临其境。

（四）沉浸式新闻

沉浸式新闻是指让观众能获得新闻事件中描述情形的第一人称体验（first-person experience）的新闻生产形式。当前沉浸式新闻最为典型的表现形式为360度全景影像新闻和虚拟现实新闻。

1. 360度全景影像新闻

360度全景影像新闻通过长镜头＋固定机位采集完成新闻画面的呈现，通过用户触屏调整360度视角来接收镜头语言信息。全景影像实则是放大了用户对自己视线的控制范围，这种新闻一般适合于以较大场景主导的新闻报道，比如"两会"的开幕式，让用户能感受到会议的实景时空。

2. 虚拟现实新闻

虚拟现实新闻主要是基于虚拟现实（Virtual Reality, VR）技术，以能与屏幕端配合的可穿戴设备来呈现新闻。虚拟现实新闻通过受众的动作参与，调度视觉、听觉和行为系统，具有视觉拟真性和身体沉浸性体验。接收新闻信息的人完全沉浸在新闻的内容中，整个身体和大脑完全投入数字化的场景中，仿佛置身于新闻事件发生的现场。例如，纽约时报的《无家可归》（The Displaced）报道了由于叙利亚战争而流离失所的儿童的生活状态。在虚拟技术的还原下，用户也成为这些孩童的一员，跟随他们一起体验一次短暂的漂泊生活。

总之，沉浸式新闻的特征为沉浸、交互与想象。随着数字技术的日益成熟，沉浸式新闻中现实与虚拟的界限逐渐模糊，用户借助营造的沉浸感，直接参与到场景中来获得关于新闻事件的信息，获得更直接的现场体验。当前，沉浸式新闻由于技术和设备成本等因素制约，目前尚处于初始发展阶段，这一领域的发展还值得更多实践尝试与研究跟进。

三、视听新闻节目的总体特征

作为新闻传播的一种重要形式，视听新闻节目结合了视觉和听觉元素，通过电视、网络视频平台等媒介向观众传递新闻信息。其特征主要体现在以下几个方面。

（一）时效性与现场感

电子媒介一直以来就有传播迅即的优势，视听节目数字化发展后，视听新闻节目的时效性进一步加强，尤其是在卫星直播和4G/5G连线技术进一步提升的情况下，真正实现了新闻报道与新闻现场的同步化，打破了信息传播时空限制，进一步增强时效性与现场感。

视听新闻节目通过现场直播、采访等手段，观众可以实时了解新闻事件的最新进展，具有强烈的现场感。通过图像、声音等多媒体元素，视听新闻节目能直观、形象地展示新闻事件，使得新闻内容更加生动、具体，观众能身临其境地感受新闻现场的氛围和细节，有助于观众更全面地理解新闻事件。比如在突发事件的现场，视听新闻节目通过摄像机捕捉现场的画面，直观呈现事件的现场。节目镜头能够捕捉人物的表情和动作，从而传达更多的信息。在报道政治活动时，镜头可以展示领导人的表情和手势，这些细微的动作往往能够传递出重要的政治信号。视听新闻节目还能够通过新闻现场的声音，增强节目的真实感和现场感，使观众仿佛置身于新闻现场。

（二）多样性与形象性

视听新闻节目类型多样，涵盖了国内外政治、经济、社会、文化、体育、娱乐等多个领域的新闻，确保观众能够获取全面的信息。报道角度多元，对于同一新闻事件，节目可从不同角度进行报道，如事件背景、影响分析、专家解读等，以满足不同观众的信息需求。节目形态直播与录播相结合，直播能够实时传递新闻现场的情况，而录播则可以对新闻进行深度加工和包装，提高节目的观赏性和信息密度。

视听新闻还能借助图像、动画等多媒体手段，深度融合文字、图片、音频、视频等形式，丰富节目的表现力和感染力，更形象直观地展现新闻事件的背景、原因和影响，帮助观众更好地理解新闻内容。视听新闻节目将图像和声音结合，为观众提供了视觉和听觉的双重体验。在报道灾害现场时，节目可以展示灾区的照片和视频，同时播放救援人员的呼喊声和受灾群众的哭泣声。这种结合能够直观地展现灾害的严重性和救援的紧迫性，激发观众的关注和情感关怀。视听新闻节目不仅报道新闻事件本身，还会通过旁白、解说、评论等方式，对新闻事件进行深度解读和分析，帮助观众更好地理解新闻内容。例如，在报道一场体育赛事时，解说员可以生动地描述运动员的动作和比赛过程，使观众仿佛在现场观看比赛。

（三）互动性与参与性

随着网络技术的发展，视听新闻节目越来越注重与观众的互动，通过观众提问、在线投票、专家连线等方式，增加节目的互动性和参与感。观众还可以通过弹幕、评论等方式，表达自己的观点和看法，使观众不仅仅是信息的接受者，也是节目内容的生产者。这种互动性增强了观众的参与感，使得新闻传播更加多元化和民主化。

视听新闻节目将传统电视平台与互联网平台相结合，使得新闻能够覆盖更广泛的受众群体。通过微博、微信、抖音等社交媒体平台，实现新闻的快速传播和互动反馈。随着数字智能新技术的应用，虚拟现实（VR）、增强现实（AR）、人工智能（AI）等技术在视听新闻制作与传播中广泛应用，为观众提供更加沉浸式和个性化的观看体验。尤其是大数据和人工智能技术的运用，能帮助平台对观众的行为和偏好进行分析，实现新闻的个性化推荐和精准推送。针对不同年龄、性别、职业、兴趣等特征的受众群体，推出具有针对性的新闻节目，可满足不同受众群体的观看需求。

第二节 视听新闻节目策划的要素

一档新闻节目能否赢得观众，关键在于节目策划。视听新闻节目策划承担挖掘新闻热点的重任，其目的是提升品牌影响力和感召力，营造良好的传播环境和传播氛围。因此，视听新闻节目策划是以新闻节目为主要依托，附着声音、画面等传播符号，为达到最佳传播效果对新闻报道的策划和组织。视听新闻节目策划的特点，就是要通过艺术的手段，将新闻事实的报道加以提炼和浓缩，以达到见人所未见的艺术效果。

在具体实践中，视听新闻策划包括两层内涵，一是对于已经发生或正在发生的新闻事实就报道方式、形式、程序、时机、角度等进行策划；二是由媒体就某个主题主动策划的报道，在新媒体时代，信息传播迅速，在新闻难有独家的情况下，主题策划新闻报道越来越常见。以上两方面的共同特点是，在不改变基本新闻事实的前提下，对报道方式、形式等的策划。视听新闻节目策划包括消息类新闻节目的编排策划；专题类新闻节目的选题策划、采访策划；访谈类新闻节目演播室策划、嘉宾策划、话题策划；直播类节目的整体策划和构思等。

视听新闻节目的策划要素，从整个采、编、播的制作流程看，大致包括以下三个主要方面：选题策划、采访策划、编排与播出策划等。视频新闻节目的策划涉及面非常广，应该贯穿于整个采、编、播流程，并需要充分尊重和把握新闻的规律。

一、选题策划

新闻节目选题来源于社会上人们关注的热点新闻、焦点事件，需要新闻媒体能够深刻反映或揭露事实，做出合乎事实的解析。好的选题一般都具备更大的新闻价值。在视听新闻节目中，策划需要考虑新闻价值，新闻价值越高的选题更有吸引力和感召力。策划需要善于抓住新的问题、分析过程和原因，从不同的角度挖掘事物本身的联系，从而引发人们的关注和共鸣。

（一）选题来源

在日常生活中，我们获取新闻线索与选题来源的方法多种多样，其中包括新闻工作者在日常生活中采集线索，捕捉新闻信息，关注其他媒体的报道、市民热线电话、邮件、微博、微信等。在网络信息来源这一方面，尽管我们在网络上获取的信息多种多样且获取方式灵活，但这些信息和线索真假难辨，容易产生误导，因此，我们需要细致地辨别和筛选，找到最真实最有说服力的信源，从而增强媒体的可信度和认可度。

（二）选题汇报

传统广播电视媒体的新闻部门每天都会召开选题汇报会，讨论节目选题和编排。视听融媒体时代的新闻发布部门除了每天召开线下选题讨论之外，在遇到突发性新闻时也会及时召开线上选题汇报会，主编、部门主任、各部门负责人参加选题汇报会，以小组形式汇报选题，主要以发专栏、头条、专题的形式敲定新闻选题，制定当日的推送计划和播出安排。汇报选题有利于集思广益、对比选优，提高工作效率，增强节目播出效果。

（三）选题四大要素

时效性。新闻策划应该把握最佳时机，展现事件的最新进展，满足受众的接受需求。时效性差，容易被其他媒体抢占先机，从而失去受众基础。同时，社会发展迅速，视听新闻节目要关照社会上的热点新闻事件，新闻工作者也必须具备新闻敏感性，开拓自身视野，挖掘新闻价值。

重要性。选题重要性是指新闻事实所包含的为多数人所关心的社会意义。它也是构成新闻价值的重要因素之一，体现在新闻事实对受众、社会以及人们利益的广泛和深远影响上。决定选题是否重要的因素有：影响范围的广泛性；影响时间的持续性；影响空间的广泛性；影响人们实际利益的程度等，符合以上要素的新闻事实都可以成为视听新闻节目的选题来源。

贴近性。新闻选题的贴近性指的是新闻事实与受众在地理、心理或利益上的接近程度。贴近性使新闻更容易引起受众的共鸣和关注，从而增强新闻的传播效果和影响力。地理接近性是指新闻事件发生的地点与受众所在地理位置的接近程度。当新闻事件发生在受众的居住地或附近地区时，受众往往会更加关注，因为这样的新闻直接关系到他们的生活环境、安全感和社区事务。心理接近性是指新闻事件与受众在心理层面上的接近程度，包括新闻事件与受众的兴趣、情感、价值观等方面的契合程度。当新闻事件触及受众的敏感点，引发他们的共鸣或情感反应时，这样的新闻就具备了较高的心理接近性。例如，关于教育、医疗、住房等民生问题的新闻报道，往往能够引起受众的广泛关注和讨论。利益接近性是指新闻事件与受众在利益方面的关联程度。当新闻事件直接涉及受众的切身利益时，受众会更加关注并积极参与其中。这种利益关联可以是经济上的、政治上的、社会上的。例如，关于税收政策、物价变动、环境保护等方面的新闻报道，往往能够引起受众的强烈关注和反应。其中，视听新闻节目因播放平台包括视听网络，则更为强调心理接近性和利益接近性。

典型性。新闻选题的典型性是指新闻事实既具有代表性和普遍意义，又具有较强的个别说服力。在新闻报道中，典型性通常体现在所报道的典型人物、典型事件、典型经验、典型细节等方面，它们能够代表某一类事物或现象的本质特征，具有广泛的代表性和说服力。典型性选题的选择要注重全局性、真实性、代表性、时效性等，典型性报道能够增强报道的说服力；引导公众关注社会现象和问题；通过报道具有典型性的经验、做法等，能够为社会提供有益的借鉴和参考，推动社会的发展和进步。

（四）选题的发现

新闻选题的发现途径多种多样，以下是一些主要的途径。

1. 基于新闻敏感性的日常发现

记者和编辑需要随时保持对新闻的敏感性，无论是在工作中还是生活中，都要时刻准备捕获新闻线索。要勤跑动、多观察，在没有明确选题时，记者可以在新闻高发区"扫街"，寻找挖掘新闻。通过细致的观察，往往能发现关键细节，从而揭示新闻的本质。同时，要逆向解析现象，面对一些看似平淡无奇的现象，记者可以尝试从源头追踪，逆向解析，从而发现重大选题。西方新闻采访学中有个关于新闻敏感的经典案例。一位刚上任的记者，奉命晚上去采访一位著名女演员的重要演出，当他到了剧场，看到剧场门口挂了一块"今晚演出因故停演"的牌子，他便回家睡觉了。第二天，各报头条报道该女演员自杀的消息，记者大吃一惊，编辑告诉他："像这样一位知名演员的重要演出被取消，本身就是新闻，而它的背后也许有更大的新闻，你的鼻子被感冒堵塞了！"由于记者的新闻嗅觉不灵，让一条重大新闻跑掉了。2018年12月，湖北省恩施州来凤县退役军人事务局开展退役军人信息采集工作。张富清的二儿子携带父亲的军功证明进行登记。信息登记员聂海波在审核材料时震惊地发现这位老英雄的战功和传奇事迹，于是将线索提供给了报社记者。通过记者进一步的深入采访，最后这位典型人物走向了全国。

2. 从日常工作积累中发掘

首先，基于日常工作经验积累。许多有经验的记者通过多年的工作经验，积累了丰富的知识，这些知识是他们发现新闻线索、策划新闻选题时的宝贵财富。其次，传统电台、电视台记者一般都有相对对口的采访领域，比如时政、经济、文化、卫生、体育等，被称为"跑线记者"。一些领域记者常年联系，相对来说对这些领域的工作较为熟悉，就容易在这些领域中发现有新闻价值的线索，寻找新闻选题。比如，一场大雪引发城市的交通瘫痪，大家都会聚焦到交通出行问题，而农贸市场的跑线记者就会关注到大雪是否会影响到菜市场的供应，是否会引起蔬菜价格的浮动；医疗卫生部门的跑线记者就会关注到大雪造成医院病患增多问题，提醒大家在大雪中注意健康问题等。总之，记者在自己的熟知领域都会发掘到有价值的选题。

3. 关注相关政策精神

记者应关注时政新闻，从中挖掘有价值的选题。重要会议和领导人重大活动往往汇集了广大受众关注的大量新闻信息，是新闻资源的"富矿"。上级部门相关政策精神还会通过文件或指示等形式传达，布置一些具有政治性、政策性的新闻报道任务，记者应积极响应，精心组织安排落实。这种政策信息不一定是独家信息，大多数都是公开的消息，这样对于媒体来说就意味着同题竞争，是对媒体和记者对政策信息解读、选择能力的考验。第三十三届中国新闻奖典型报道获奖作品《中国种子里的厦门芯》，就是记者在厦门市人大会议上审议众多议题时发现的一个选题。那一年，习近平总书记在考察农业时强调要"用自己的手攥紧中国种子"，结合当时国际国内背景，将种子发展视为关系国家安全的重要资源。会议材料中提到"厦门种子产业规模居国内前列"，这样一个滨海城市为何短时间领跑种业？正是这种反常性吸引了记者的注意并提高了事实的典型性。这篇独家报道的线索就是来源于"人人都有"的会议材料。

4. 借助外部资源和渠道

记者要广泛交友，在负责的方向、社区或领域广交朋友，可以为记者提供用之不竭的消息源泉。同时，与线人合作也是获取第一手资料的有效途径。每个媒体都有自己的特点和长处，记者可以观看其他媒体的节目，取长补短，借鉴其选题经验。许多媒体会设置热线电话，接收市民提供的新闻线索。这是媒体与受众联系的桥梁，也是获取新闻线索的重要途径。第三十四届中国新闻奖获奖作品《成都一外卖平台商家12张营业执照10张为假》线索来源于《工人日报》编辑与朋友的吐槽聊天，这位朋友吐槽说自己常点的一家销量很高的外卖店铺，竟然没有线下店，是专门做外卖的小作坊。在朋友启发下，编辑开始上网收集资料，并进行相关调查，然后报道了这一选题。

5. 利用新媒体技术

可以通过网络浏览各类网络信息，包括政府部门网站、公司网站、学校网站、聊天室、论坛等，了解网民的关注点和热门话题，从中发现新闻线索。另外，社交媒体平台如微博、微信等也是获取新闻线索的重要渠道。记者可以关注相关账号，及时获取最新信息。第三十三届中国新闻奖一等奖作品《婴儿之殇与"雅培母乳强化剂"召回疑云》来源于网上一位家长的发帖。该发帖讲述自家孩子食用雅培母乳强化剂不久后出现的诸多病症细节，越来越多的家长跟帖发声，记者迅速就此问题展开调查采访并写出了《婴儿之殇与"雅培母乳强化剂"召回疑云》。随着新媒体技术的发展，越来越多的新闻线索与选题都是来自互联网信息。

总之，在进行选题策划时，既要注重全局的把握，又要注重局部微小部分的关联，实现整体与部分的统一；选择的话题应该是政府高度关注、群众普遍关心和热议的话题，实现政府重视和群众关注的统一。

二、采访策划

采访是新闻报道中的重要环节，是一种有目的的新闻信息采集行为，视听新闻节目的采访报道包括内容和表现形式，需要多个工种来配合完成。视听新闻节目除了现场的拍摄之外，还需要确定采访对象、拟定采访提纲、做好采访拍摄的准备。采访策划主要从以下几个方面来进行。

（一）采访对象的确定

采访对象既可以是现场采访对象，也可以是节目中的访谈嘉宾，一般而言，采访对象或者访谈嘉宾可以从以下四个方面着手。

1. 新闻事件当事人

新闻事件当事人是新闻采访的首选对象。当事人是事件的亲历者，他的视角、体验都是其他人无法替代的。如果是涉及争议性问题，事件的各方当事人都应该在节目中发声，以保证新闻节目符合客观公正的报道原则。

2. 新闻事件关联者

新闻事件关联者是新闻事件会影响到的相关人士。首先是利益相关者，比如关于中小学校外培训的教育改革，相关人士就涉及学生、家长及其教师等群体。其次是情感关联者。情感关联者包括有类似经历者和无类似经历的"旁观者"。比如刚才提到的中小学生校外培训教育改革问题，可以采访一些大学生，有些会有感同身受的经历。而无相关经历者，就是该事件虽然没有对某些人或群体产生利益相关影响，但是能从情感上产生共鸣，比如刚才提到的中小学教育改革问题，可以随机采访普通民众对此政策的看法，体现出普通民众对国家教育发展的关注。

3. 新闻事件知情人

除了新闻事件当事人，最为重要的采访对象就是目击者或者知情人。在采访目击者或者知情人时要注意其所提供信息的真实性，要通过多方信源来核实信息。尤其是在当前网络时代，网络爆料成为知情人提供线索的重要来源，哪怕有照片或者图像的线索提供，也要对其进行线下的核实。

4. 权威人士

权威人士是指对新闻事件相关内容有研究、有见解的专家、学者、政府官员等。他们对相关问题的分析更深入，对问题的判断更准确。但是，在采访专家等权威人士时一定要避免"权威依赖"。事实上，专家也是有主观感情的人，对某些问题的分析或者判断也会存在偏差，因此，记者在选择专家或者采访专家时也要避免迷信权威，要对相关问题做出理性判断与分析。

（二）采访提纲的拟定

在采访前时间充分的情况下，需要拟定采访提纲，做好准备工作，确保采访过程流畅。采访提纲主要包括采访需要提出的主要问题，有些重要或者特殊的采访需要列出拍摄计划，供整个拍摄团队了解采访意图和关键要点，同时需要做一些背景资料的准备。

采访提纲策划首先要从研究背景材料入手。著名记者艾丰曾说过："搞报道首先从研究背景资料入手"。背景研究是"为采访而进行的采访"，研究背景资料首先是要了解所要采访的事件相关背景等；其次要了解所要采访的人员，除了人员基本信息之外，更要了解采访对象的个性特征、生活经历等等，以保证采访时沟通顺利。比如，1998年"两会"期间的总理记者招待会上，时任总理朱镕基点名让凤凰卫视记者吴小莉提问，吴小莉提出了两个问题：一个是当香港遭遇金融风暴困境时，中国政府会采取什么样的具体措施来支持香港；另一个是针对外界对朱总理"铁面宰相""经济沙皇"的评价，问他推动改革的心路历程。朱总理在回答问题时说出一段感人肺腑、广为传播的经典话语："不管前面是地雷阵还是万丈深渊，我将勇往直前，义无反顾，鞠躬尽瘁，死而后已。"这段话赢得整场记者如雷的掌声。这两个问题既问出了朱总理的施政理念，又问出了他施政过程中真实的情感状态。吴小莉曾回忆道："就我对记者招待会前半段的观察，他（指朱镕基）对媒体的提问听得很仔细，常常有感而发，所以我就先提出当前香港的困难，再以'铁面宰相''经济沙皇'为引子，问他心路历程。"尽管是记者招待会的提问，也充分证明了记者前期策划有备而问的成功。

采访提纲的准备还需要提前预设突发事件和紧急情况，准备多套紧急预案，制定较为详细的采访提纲。同时，需要记者具备临场反应能力和控场能力，有时辅之以电话采访、网络采访等现代科技手段。2024年巴黎奥运会后，董倩采访全红婵时，全红婵面对镜头开始时显得有些拘谨，对董倩的提问都是回答"还好吧""嗯"，当董倩问到"你都这么大、这么高水平了还会拍疼吗？"时，全红婵露出笑容答道："也会的，也不是说多大就不会被拍到，就很痛，很像蚂蚁在身上爬。"两个人的话匣子一下子就打开了。董倩回忆这段采访时表示：在某些情况下，记者需要去适应对方的心理感受，寻找对方感兴趣的话题。这也是考验记者的临场应变能力。

（三）采访拍摄的准备

视听新闻节目采访由于涉及声画录制和信号传输，采访拍摄准备包括人员配置和技术保障两个方面。一方面，要对人员进行一定的分工，包括制片人、导演、记者、摄像、后期制作，以及灯光师、录音师等技术保障人员。另一方面，还要进行采访设备、信号传输方面的准备。

三、编排与播出策划

视听新闻节目编排是对拟发布的所有新闻内容进行整合优化，实现总体价值的最大化。当前视听传播已经面临传统广播电视与新媒体平台双渠道播出并行的局面，传统广播电视新闻是依赖时间逻辑的线性播出，新媒体视听新闻是依赖空间逻辑的非线性播出，在节目编排上有着不同的方式，但基本的编排原则是相通的。

（一）突出重点内容

无论是传统广播电视新闻还是新媒体视听新闻，突出重点内容都是提高信息传播效率的关键，突出重点内容主要表现如下。

1. 精心选择头条报道

头条新闻是当天新闻节目播发的首条新闻，在版面位置上具有突出地位，容易吸引最大限度的关注。头条新闻体现节目编辑的编辑方针，也表现出媒体对新闻的价值判断，同时对受众新闻信息接收与引导产生很大影响。头条新闻是否具有冲击力、吸引力，也直接影响到受众观看新闻节目的兴趣和注意力。在传统广播电视时期，新闻节目头条往往是独家报道，也是媒体和记者新闻报道实力的体现。新媒体时代，新闻难有独家之言，往往一件比较重大的新闻事件，各家媒体都争相报道。在同题竞争的情况下，头条新闻的报道视角就需要精心策划。

2. 组织策划重点报道

重点报道一般是编辑部有意识的策划，新闻节目生产与编排要加强重点选题的策划与实施：既要有当前的选题，也要有中长期选题。对于一些特别重要的选题还需要组织连续报道或者系列报道，以形成报道声势，这样才能使重点报道有序化、规范化。

3. 组织有分量的集合稿群

组织稿群可以采取同题集中、同类集中的方式，将相关事件报道组合在一起，进行突出报道，使受众能够留下深刻印象。组合稿群既可以采取关联编排方式，也可以采取对比编排方式。比如中央电视台有一期《晚间新闻》曾获中国新闻奖新闻编排奖，就运用了对比编排的手段：将《广东省有关方面表示：对雷州海滩事件中见死不救行为要严肃处理》《一呼吸心跳停止45分钟的妇女起死回生》两篇稿件编发在一起，一篇是见死不救使十二名渔民丧生，另一篇是全力抢救使病人奇迹生还，强烈对比下产生的震撼大大强于单独编发。

（二）强化新闻价值

编辑的作用还在于对既有新闻价值的再挖掘，这一般是通过对稿件的配发来实现。根据已有稿件的需要，可以通过配发相关背景资料、配发新闻评论等方式实现。

1. 配发背景资料

单条新闻往往只是报道事件变动的本身，而很少涉及其他方面，而有些新闻的价值只有在了解背景的情况下才能被凸显。配发相关背景资料的目的就是通过对新闻报道的延伸、扩展，在纵向的历史发展和横向的相关联系方面提供更加丰富的信息，以帮助受众加深对新闻事件本身的解读。配发背景资料包括新闻背景、相关人物、相关知识、相关概念解释等。比如，2024年11月习近平总书记到湖北视察，专程到云梦县博物馆参观出土秦汉简牍展。湖北新闻专门配发相关介绍，云梦睡虎地秦简有何重要地位，加强了受众对总书记此次参观考察深远意义的认识。

2. 配发新闻评论

为了深化和突出新闻报道的主题，编辑往往采用依托报道配发评论的手段。视听新闻栏目中配评论的方式一般有两种：编前语和编后语。前者类似于文前按语，是对稿件的说明、评价，后者则主要是对前面报道的总结、评议。在视听融媒体新闻中，还有一种短视频评论形式，比如中央电视台视频公众号的《主播说联播》，主要是联播播音员对《新闻联播》中主要新闻进行短评，以进一步加深受众对新闻事件的思考。

（三）版块化划分

传统广播电视新闻节目为让内容传播更加清晰，一般会进行版块划分，使整期节目形成相对固定的节目单元，不同的节目按照不同的标准，会划分出不同的版块，这些版块会相对固定，便于受众的收听收看。比如，中央电视台《新闻联播》节目就会划分出国内新闻、国际新闻以及简讯。新媒体视听节目也有版块划分，其版块划分体现在空间类聚分布上，一般会在节目页面分出若干视觉重点，便于受众的选择。

第三节　视听新闻节目模式创新

一、视听新闻节目模式创新趋势

在新媒体技术的驱动下，传统新闻节目形态和新媒体视听新闻节目形态逐渐融合，立足于新闻节目的核心要素，比如选题、采访对象及报道形式等，形成一些新的节目模式。总体上来看，视听新闻节目模式创新呈现如下趋势。

（一）深度报道化趋势

随着社交媒体新闻碎片化传播的加剧，专业新闻报道从新闻资讯走向深度报道，注重对新闻事件的深度分析与评论。一方面，新闻报道要将碎片化信息进行整合，形成对新闻事件更加理性、全面的观察；另一方面，对事件要做出专业的判断并进行评论，起到引导舆论的作用。

深度报道节目模式的代表当属美国CBS广播公司的《60分钟》，创设于1968年9月，为一档杂志型电视新闻节目。大约60分钟的节目中包含3条深度报道，每条报道都配有主持人的评论。该节目以报道严肃新闻为主，涉及政治、经济、外交等领域的重大事件，并给观众全面、理性的解读，成为新闻深度调查节目的先驱。我国中央电视台《新闻1+1》节目也代表着新闻深度报道的发展。节目以对新闻事件和社会话题的剖析，以及节目主持人和新闻评论员个性化的观点来抓住观众。深度报道新闻节目要获得生命力，最为重要的是在重大事件面前敢于发出媒体的声音，亮明自己的观点，从而获得公信力，以公信力实现新闻节目的影响力和引导力。

（二）互动参与式趋势

参与式新闻，英文名为 participatory journalism，这一概念起源于美国。它又被称为"公民新闻"或"草根报道"，指的是普通公众可以借助现代数字和网络技术主动地加入到新闻活动中。在丹·吉尔默（Dan Gill-mor）的著作 *We the Media* 一书中，参与式新闻被定义为一个或一群公民搜集、报道、分析、散播新闻和信息的积极行动，目的在于提供民众所需的独立的、可信的、准确的、广泛的、切合需求的信息。

早在网络媒体兴起之时，公众参与式新闻就开始出现。但在传统媒体早期的公众参与式新闻中，受众主要还限于新闻报料人角色，尚没有获得真正新闻生产权利。随着媒体融合趋势的进一步发展，中国网民人数剧增，参与式新闻生产适应了融媒体时代的发展趋势，电视观众由被动的接受者转变为视听节目平台主动的使用者，视听新闻生产的核心理念也发生了转变。

在视听新闻节目模式的策划环节，要充分体现公众对新闻节目的参与；在消息来源和话题选取上，要给予公众作为用户的参与权；在新闻生产与传播环节，也要设计相关环节加强受众的互动参与，体现出"互动即传播"的意义。

（三）智能化生产趋势

当前，数字智能化技术已经渗透到视听新闻节目生产的流程之中。视听新闻生产智能化主要表现在以下几个方面。

首先，利用大数据和人工智能技术，媒体能够更高效地搜集和分析信息，为新闻选题策划提供有力支持，如新华社智能化编辑部的"多模态搜索"功能和"新闻线索热点发现系统"，能够快速提升编辑记者的信息搜集效率和精准决策能力。

其次，媒体还能以可视化方式呈现文字内容、数据信息、制作创意海报等，丰富新闻报道形式，如许多媒体采用的"智能数据导图生成"功能模块，可自动生成可视化的动态数据导图。

再次，AI合成主播的应用也显著提升了新闻制作效率，降低了制作成本。这些AI主播能够逼真地模拟人类说话时的声音、嘴唇动作和表情，与真人主播协同工作，提高了新闻播报的质量和时效性。

最后，虚拟现实（VR）、增强现实（AR）等技术在新闻节目中的应用越来越广泛，为观众提供了身临其境的观看体验。如湖南卫视推出的党史微纪录片《百炼成钢——党史上的今天》，通过制作虚拟场景再现历史事件的情景；央视新闻也采用了VR技术，让观众沉浸式体验中国式现代化图景。

科技创新成为视听新闻节目创新的不竭动力。如今，视听新闻节目已经开始运用VR动画、虚拟现实等沉浸式技术，通过动画场景设计中的色彩、光影、空间透视、镜头运用等手法，构建起一个平行于客观现实世界的视觉空间。技术与艺术在视听新闻节目中的深度融合交互，不仅提升了节目的视觉和听觉效果，还丰富了节目的文化内涵和表现力。

二、视听新闻节目创新模式案例解读

（一）新闻杂志节目模式——《今晚》

1. 节目概况

《今晚》为东方卫视于2019年1月1日开播的深度新闻时事评论直播节目。节目的原名为《今晚60分》，2020年3月30日正式更名为《今晚》。该节目于2020年3月30日起每周一至周四21：20、周五22：40在东方卫视首播。该节目获得第三十四届中国新闻奖一等奖。

该节目以新闻时事评论为特色，秉持"全球视野、中国立场"，深耕国内外重大时政新闻，重点关注国内经济社会领域的重大改革举措和发展成果、热点公共事件，以及外交、安全、地缘政治领域的重大新闻事件，凭借"快速反应、深度解析、专业评论"的风格，在全国各大卫视的晚间新闻节目中独树一帜，确立了鲜明的品牌形象。《今晚》由《关键时刻》《焦点对话》《全球眼》等版块组成。《关键时刻》梳理当天最值得关注的重要事件，聚焦新闻的关键瞬间。《焦点对话》选择当天最具话题性、最值得深入探讨的新闻事件，在主持人引导下进行多屏讨论，聚焦国际视野下的中国。公共话题、地缘外交、经贸往来、军事动态，以及其他与中国相关的全球热点，都是观察的方向。《全球眼》汇聚全球各地的记者和智库专家，以中国眼光探讨国际大事，讲述新闻来龙去脉、透视热点背后的博弈。

2. 节目模式特色

（1）做有力度的新闻：深度报道与新闻评论结合。围绕国内外重大时事新闻，《今晚》积极发声，主动引导，报道紧贴时代脉搏。每年全国"两会"期间，推出《问政中国》《世界看两会》等特别报道，邀请国际知名专家和学者从地缘政治、经济发展、气候变化、全球治理等角度，对中国的治理政策进行观察，客观展现中国作为。同时，该节目敢于在重大新闻事件中亮明态度。近年来，中美博弈走入深水区，节目坚守中国立场，传达中国声音，先后推出"与世界对话""中美观察"等系列报道，聚焦中美关系发展，从客观理性的角度，探寻新时代中美相处之道，对国际舆论有着良好的引导作用。

该节目深度还体现在坚持舆论监督报道，尊重新闻事实，揭示社会问题，通过舆论监督，促进社会公平正义。近年来，该节目复盘鄂东大桥侧翻事故，关注呼格吉勒图冤案等，坚持真实性、客观性和公正性原则，通过对社会热点事件深入调查报道，保障公众的知情权和参与权，促进社会问题的解决，维护公众利益，推动社会进步。

（2）做有温度的新闻：百姓生活与政策决策相结合。新时代的"大民生"，实际上就是呼吁关注公共利益，坚持民生新闻"以人为本"的价值取向，重点关注民众精神需求，引领百姓生活，宣传国家大政方针，弘扬新时代正能量，提升民生新闻的社会价值。该节目率先改变了其内容编排，增加反映社会正能量的社会事件、对国家新出台政策的解读以及生活科普类等"大民生"内容。该节目重点聚焦与百姓生活息息相关的社会民生话题，关注青少年保护、医保政策变动、教育改革、食品卫生、公共安全等公共领域的重大政策出台给百姓生活带来的影响和变化。节目在传递信息的同时，展现出对人性的尊重和对社会的关怀，不仅满足民众对周边新闻的需求，更在潜移默化中引领着社会价值的传播。

（3）做有效度的新闻：媒体融合传播结合。该节目创新融合传播机制，着力提升传播效能。除在东方卫视平台日常播出外，还通过看看新闻网、抖音等网络平台同步直播，日均观看数超10万。《今晚》媒体融合项目Tonight今晚在抖音、今日头条、视频号等多个平台开设账号，粉丝总数近800万，增长势头良好，已经初步形成了《今晚》新媒体传播矩阵，实现了节目在电视端和网络端双线传播，优势互补。其中，依托节目内容制作的新媒体短视频《复盘鄂东大桥侧翻事故 谁是"真凶"?》，各平台浏览量超过5000万，图文新媒体《大国该是什么样子? 习近平用这些金句向世界宣告!》获全网推送。[①]

（二）民生新闻节目模式——《向前一步》

1. 节目概况

《向前一步》是北京卫视推出的一档社会民生类节目。该节目自2018年6月29日起，每周五晚21：05在北京卫视播出，时长每集约70分钟。网络平台腾讯视频、爱奇艺等也可观看。该节目曾四次荣获中国新闻奖。

节目选题来源于城市化进程中亟待解决的热点、难点问题，聚焦个人利益与公共利益的关系问题。第一期节目演播室设在一个篮球馆内，球场中线隔开了分庭抗礼的双方，希望双方可以在开放、自由、平等的氛围下辩论互动，节目中一旦一方被说服，便可以跨过分歧线，向前一步，表示矛盾得到解决。此后节目演播室都设置在问题现场，比如城市小区、工地现场等。每期节目邀请100名观众参加，根据现场的矛盾问题，矛盾双方被分列于一条划定的"分歧线"两侧，通过现场调解，解决一个问题就向前跨一步，开启了全员参与的"用脚投票"方式，最后矛盾双方都跨越具

---

① 荣耀时刻! 融媒体中心一批作品荣获中国新闻奖和上海新闻奖."上海广播电视台融媒体新闻中心"微信公众号,2024-11-14.

有象征意义的"分歧线",达到和解,实现了跨越"分歧线"的互动模式。

2. 节目模式特色

(1) 开创媒体参与社会治理节目新模式。党的二十大报告把"深入推进国家治理体系和治理能力现代化"作为主要目标任务之一。《向前一步》因势而动,围绕这一治国理念进行节目定位转型。节目中,城市发展的难题、居民生活的困扰,都通过搭建沟通平台、促进各方对话,推动了问题的解决,有效化解了社会矛盾,赢得了广大观众的赞誉。截至2024年年底,该节目已推动了北京200余条街巷的整治提升,6000多名未签约的居民签约住上新房,3000多个违章建筑被拆除,7300余名老旧小区居民用上了新电梯,170万户的居民解决了物业问题,实际惠及的北京市民超过410万人次。从公共事务到电视节目再到影响公共事务,《向前一步》致力于促成一个个良性循环。《向前一步》不仅促进了城市社会治理的进一步完善,也为媒体深度参与社会治理提供了有益的借鉴和启示。广东、陕西、河南等地政府部门将《向前一步》列为当地干部的学习教材,社会效果积极显著。

(2) 打造社会治理现场沟通的新样态。《向前一步》是国内第一个将录制现场设置在小区之中、棚改现场、违建旁边、街心公园的调解节目,问题在哪里,录制现场就在哪里。参与者有市民和政府管理者,还有规划师、律师、大学教授等组成中立的"城市沟通团"。节目中,面对问题曝光后市民对政府政策的疑虑,节目中的"城市沟通团"进行沟通,确保沟通公正,增强公信力。

节目中,城市管理者、律师、调解员、社会学者、邻里等各方社会角色,全力营造劝说、劝服的对话空间。当事人以及支持、理解当事人的人物角色充分表达意见,共同在"摆事实、讲道理"的对话场中阐述作为个体利益方的是非曲直。作为公共利益代表的上百个居民,或倾听,或举手发言,或做出"666"的手势表达内心的认可。该节目创新性地将监督者、记录者、服务者三重角色融为一体,勇于直面城市治理中的顽疾,通过曝光与解决并重的方式,主动破题,引领主流媒体舆论监督的新样态,搭建起城市治理与民心相通的桥梁。在栏目组的推动下，经常见到属地政府及物业人员向市民诚挚致歉，赢得谅解与支持，展现了媒体在化解矛盾、凝聚共识中的独特作用。该节目不仅曝光问题，更探索出有效解决方案，形成媒体全程参与、理性监督、充分调解、落实到位的全链条机制，为基层治理提供了宝贵的"智慧方案"，成为连接政府与民众、推动城市和谐发展的有力纽带。

（3）打造"媒体＋政务＋民生服务"新平台。该节目积极探索融媒新模式，在北京时间App上打造"媒体＋政务＋民生服务"平台，开辟衍生节目《向前一步走》进行直播，在线解答民生问题。"时间帮帮团"记者直击一线及时跟办，一管到底。此外，该节目二创短视频在微博、抖音等新媒体平台推送，累计覆盖粉丝超100亿人次。人民日报、新华网、中国文化报、光明网、中国青年网等主流媒体参与互动，不仅让网友更加深入地了解了节目的核心价值观和理念，也进一步增强了节目的影响力和号召力。[①]

（三）短视频新闻评论节目模式——《主播说联播》

1. 节目概况

《主播说联播》是中央广播电视总台新闻新媒体中心于2019年7月29日正式推出的一档短视频新闻评论节目。该节目由总台主播康辉、郭志坚、刚强、海霞、李梓萌等轮流担任主播，每期时长2分钟以内。自播出以来除特别情况外，每天更新一期，在央视新闻App及央视微博、微信、抖音、快手等社交媒体平台同步分发。该节目在第三十届中国新闻奖评选中获得融合创新奖项二等奖。

《主播说联播》以竖屏短视频形式评论《新闻联播》中的重大事件和热点新闻，结合当下网络流行语传递主流声音。截至2024年12月8日，话题#主播说联播#在新浪微博的阅读量超过144.2亿，讨论量超过363.5万。在新闻联播微信公众号，单篇阅读量几乎均超过10万。同时，在抖

---

① 该节目相关资料来自北京卫视网站和官方微信公众号。

音、快手、B站等平台"吸粉"无数，频登热搜榜，在抖音平台单条点赞多在100万以上，累计播放量超过66.2亿，在快手平台累计播放量同样超过58.7亿。[①]

2. 节目模式特色

（1）形式创新：大屏与小屏的双向互动。传统广播电视媒体作为党和政府的喉舌，秉持着专业性和权威性的高标准。中央广播电视总台推出的《主播说联播》节目为了更好地服务广大用户，将中长视频的"深厚内力"与短视频的"灵活多变"巧妙融合，成功实现了传统广播电视媒体从"大屏"到"小屏"、从"横屏"到"竖屏"的跨屏创新转型。一方面，该节目将每期内容精简至两分钟内，迎合互联网"短精快"的特点，顺应用户碎片化观看习惯。同时，竖屏画面留白少，主播位置突出，观众的注意力集中在主播声音和画面字幕上，形成封闭聚焦的播出空间，有利于信息精准传达。另一方面，该节目融入了音乐、字幕、图像及特效等视听元素，并充分利用朗诵、嘉宾连线、三句半、多人播、穿便装、弹幕滚动等形式，力争打破固有主播形象及固有新闻语言。在形式创新下，"大屏"增强"小屏"内容公信力的同时，"小屏"所吸引的流量又反过来促进"大屏"的发展，两者间形成了良性互动与循环，实现了共赢。

（2）语态创新：网感与主流的双向交融。《主播说联播》节目语言风格趋向"人格化"与"年轻化"。

首先，在叙事主体上实现了主播形象的人格化回归。《新闻联播》中的播音员大多采取第三人称的全知叙事角度，独立于新闻事件之外。而《主播说联播》中的主播们则流露出个人态度和情绪，无论是每则视频开头的"主播说联播，今天我来说"还是视频中提及越来越多的"我记得""我希望"等第一人称表述，都体现出主播对新闻的自我延伸和情感倾诉，增强了新闻的亲和力和可信度。[②]同时，主播言辞幽默生动，巧妙运用比

---

① 该节目相关资料来自"新闻联播"官方账号。

② 段峰峰，王琳. 短视频化新闻叙事的表达范式研究——以《主播说联播》为例[J]. 电视研究，2020，(08)：35-37.

喻、夸张、反问等多种修辞手法，提升了语言的艺术魅力与感染力，从而吸引观众注意力。

其次，在传播语态上采用平民化、网络化的柔性表达方式。节目大量引用网络流行语、谚语、俗语，贴近年轻群体，从新闻标题到主播们的口头表述，都用到年轻人喜闻乐见的表达风格传达新闻信息。例如，康辉针对美国荒唐的行为发出："怼得你灰头土脸，怼得你哑口无言。"更有"No Zuo No Die"等热门词汇在社交媒体平台一度霸占热搜。此外，视频字幕上通过"真有心""宇！宙！级！精！彩！"等生动形象的符号，精准地传达了新闻的情感色彩，打破了传统联播节目严肃、正式的语态，为新闻增添了生机与活力。

（3）场景创新：内容与场景的双维沉浸。罗伯特·斯考伯在《即将到来的场景时代》中提到场景将在移动社交媒体时代被赋予重要意义。当前，主流媒体对新闻场景的构建给予了高度重视，《主播说联播》节目摒弃了传统线性传播的局限性，转而致力于强化观众的体验感与参与度，巧妙融合事件内容与多元场景，进一步促进观众对新闻内容的深入理解，并激发其更广阔的思考维度，以此实现内容的丰富性、立体性及全面性。通过场景创新，使观众将信息与场景紧密关联，实现事发现场的高保真还原，在一定程度上缓解了"后真相"时代信息失真带来的隐患，还增强了观众沉浸感。诸如"双减"现场的"我就在学校门口说"、暴雨即将来袭的"我在室外说"、国潮烟台的"我在山东烟台说"，观众们纷纷留言表示太接地气了，希望以后多在现场说新闻。

（4）交互创新：矩阵与实时的双轨并行。《主播说联播》在竖屏制作方面并不再满足于简单的"裁剪适应"，而是迈向了更高层次的"沉浸兼容"。该节目借助多平台的协同宣发策略，针对不同平台的特性，将微博、微信及短视频平台上的视频内容均进行了个性化的二次创作，以实现更为精准且广泛的内容传播。在微博平台，节目会根据新闻核心观点或经典语录进行话题策划，利用热搜扩大其影响力；在微信平台注重裂变式传播，通过设计吸引人的标题与明确的情感导向，激发用户分享欲望；在短视频平台则更注重内容的精炼性与观赏性，以此突出新闻主题。该节目通过多平台间的矩阵传播，吸引了大量用户的关注并参与互动，在新媒体平台上构建了一个全新的舆论场。

同时，该节目通过各平台的评论区与弹幕功能，有效收集观众的实时反馈。这一方式不仅解决了用户需求沟通不及时导致的内容滞后性问题，还缓解了新闻报道中可能出现的"二律背反"现象。在交互创新的推动下，用户积极参与到新闻事件的讨论中，促进了观众与媒体之间的全方位对话。这既颠覆了传统媒体单向引导观众的模式，又赋予了用户自主探索新闻内容、形成个人见解的权利。①当用户主动为制作方建言献策时，若能获得及时且积极的回应，将显著增强其对于节目的参与感和归属感，进而形成持续且深入的长效追随。

① 徐曼馨.沉浸式新闻:场景表达与交互创新[J].青年记者,2018,(33):79-80.

第三章

视听人物访谈类节目策划

人物访谈类节目作为谈话类节目的一种形态，是我国广播电视节目中常见的节目形态，也产生了一批形式多样并具有广泛社会影响的人物访谈节目。随着媒体融合的不断加深，谈话类节目形态也在不断创新，人物访谈节目与其他节目类型之间的边界也日益模糊，内容上也呈现交叉融合之势。新媒体技术给视听人物访谈类节目发展带来生机，视听人物访谈类节目模式也在不断推陈出新。

第一节　人物访谈类节目的界定

一、人物访谈类节目的定义

人物访谈类节目是指主持人与访谈嘉宾面对面交谈，就采访对象的人生经历、生活感悟或者某个新闻事件、某一热点话题进行深层次的对话交流。从传播形态上来看，人物访谈类节目是人与人之间面对面的交流和互动，是现实之中人际口语传播形态的视听呈现，可以说是大众传播与人际传播有机结合的一种节目形态。

从节目构成来看，人物访谈类节目是由主持人、访谈对象、现场观众等组成，围绕访谈对象个人相关话题或者事件展开的双向平等交流。在理论研究和实践中，访谈类节目和谈话类节目的称谓时常被混用。广义上的谈话节目包括所有面对面口头交流信息为主的节目形式，比如中央电视台的《新闻1＋1》《对话》等。从实践来看，谈话类节目包括以"话题"为主导的谈话和以"访谈对象"为主导的人物访谈。本章所指的人物访谈类节目属于后者，它属于谈话类节目中的一种，是从人物专访节目发展而来，涵盖了主持人与访谈对象之间一对一或者一对多的访谈，但其内涵强调"专访"，即通过以"访谈对象"为访谈中心，来展现采访对象的现实经历、精神世界或者人格特征。

谈话类节目中以"话题"为主导的谈话节目在西方多被称为"Talk Show"，中文直译为"脱口秀"，有即兴说话的意思，属于谈话类节目的一种类型。因此，要准确界定人物访谈类节目，有必要将人物访谈类节目与脱口秀类节目加以区分。

人物访谈类节目与脱口秀类节目的相似之处为：都是以谈话交流为基础，构成要素为主持人、嘉宾和话题。但人物访谈类节目中的话题是围绕访谈对象而展开，是与访谈对象直接相关的话题，而脱口秀类节目中的谈话是围绕话题而展开，话题与谈话对象不一定存在直接关联。表现在节目对访谈对象的选取上，人物访谈类节目是直接为访谈对象而来，脱口秀类节目是为话题而选择合适的谈话对象。因此，《面对面》《鲁豫有约》《十三邀》等属于访谈类节目，而《实话实说》《锵锵三人行》等更具有脱口秀节目特点。基于此，可以这样概括，人物访谈类节目重在访谈对象，脱口秀类节目重在谈话的话题。

在人物访谈类节目中，主持人与访谈人物之间的关系类似于朋友关系，主持人以关注的心态倾听对方的心声。而有时主持人又是探寻者，既代表个人，更代表媒体和受众不断地探寻访谈对象的内心，通过访谈展示出被访者的人生经历和内心世界。而在脱口秀类节目中，主持人是主导角色，嘉宾和现场观众亦如"客人"角色，主持人担当组织者角色，主要引导嘉宾与观众对话题进行意见交流和观点表达。因此，就两类节目特征而言，人物访谈类节目表现出较为"封闭"性的倾心交流，而脱口秀类节目表现出较为"开放"性的畅所欲言。

准确界定人物访谈类节目有利于拟定策划思路，基于以上区分，本章所指的人物访谈类节目主要是指节目主持人围绕访谈对象所展开的谈话节目，也便于和后文所要讨论的脱口秀节目有所区分。

二、人物访谈类节目策划的要素

人物访谈类节目策划的主要要素为访谈嘉宾、访谈话题、访谈场域、节目主持等，一期成功的人物访谈类节目主要从以下四个方面来着手进行策划。

（一）访谈嘉宾

访谈嘉宾是人物访谈类节目的主体，一个好的访谈嘉宾可以让节目达到事半功倍的效果。嘉宾的选择首先要契合节目的主旨与风格，这样能使嘉宾展现所长，自如发挥，同时也能凸显节目风格。比如《十三邀》节目组倾向于选择文化界的名人，以及具有独特观点和见解的嘉宾，这些嘉宾往往在某些领域有深厚的造诣，能够提供深入的讨论和独特的视角。而《鲁豫有约大咖一日行》的嘉宾则范围较广，包括政治、经济、文化等多方面的名人，注重嘉宾的知名度和公众影响力，来展现他们不为人知的一面。节目风格和节目嘉宾可以说是相互依托的关系。

其次，视听节目特性决定访谈嘉宾的选择还需要考察其表现力。表现力主要在于两个方面，一个方面是嘉宾身上是否有故事、有话题，有故事、有话题的嘉宾会增加访谈内容的吸引力，让访谈节目能够具有深度；另一个方面是嘉宾是否具有较强的表达能力，表达能力较好的嘉宾能够准确表述自己的观点，同时在语言表述上能够展现自己的情感和思想。有些嘉宾笔头功夫很好，有些嘉宾在具体工作有很杰出的表现，但是在生活中不善言辞，在镜头面前更是不能自如表现自己，就会影响到节目访谈效果。在访谈节目中，访谈嘉宾是节目的主体，话题是围绕访谈嘉宾展开的，因此访谈嘉宾在节目中表现力的好坏，直接影响到整个访谈节目的效果。

最后，如果是多人访谈节目，访谈嘉宾之间的搭配协调也很重要。在多人访谈嘉宾的选择中，要注意嘉宾之间观点的多样化和代表性，让不同观点、立场都能得到呈现，这样才能使话题更具有深度。而且不同类型的嘉宾在访谈中观点还会形成碰撞，容易在节目中产生意想不到的戏剧效果，从而增强节目的可视性。

（二）访谈话题

人物访谈类节目，尤其是新媒体环境下的视听人物访谈节目的话题要和时代相契合。节目策划人员要立足于社会，挖掘出具有时代特征的有意义的话题，同时使话题与相应的访谈人物相结合，在话题与访谈人物相结合的基础上，使访谈话题进一步细化和深化。

随着新媒体传播形态的日益丰富，视听节目也走入受众细分的时代。传统电视人物访谈节目注重话题的热点性、争议性，而新媒体环境下的视听人物访谈节目一改过去针对热点问题或争议话题进行沟通、讨论的风格，开辟了一个人情交流的场所，更加重视情感的沟通、情理的探讨，而不再只是追问发生了什么、做过了什么。从平面转向立体，视听人物访谈不仅让人看到人物故事，还让观众能对人物故事产生共情。传统人物访谈类节目关注的是什么人做了什么事，视听人物访谈类节目关注的是为什么要这样做，其内心深处的动机是什么、感受是什么等。这种转变更重要的是展现了一种以人为主体的人文精神。总体来看，视听人物访谈类节目更注重对人伦和社会关系进行更深层次的挖掘。

在此基础上，视听人物访谈类节目的选题呈现多元开放性，访谈的可能是热点人物，但探讨的也许是边缘性话题。比如《奇遇人生》中导演让明星们加入一些小众群体中，如麦田怪圈的研究者、北极淘金客、留守儿童、阿尔兹海默症夫妇等，通过节目话题看到社会中一些小众群体，了解到不同的人，引领人们尝试在不同之中找到共识，体现出人与人之间彼此的尊重与关怀。这种人物访谈话题的多元开放性，符合观看群体的细分多元化特征，同时，视听人物访谈类节目的话题由"关注"转向了"关怀"，也体现了人文情怀成为当下社会共通的情感。

（三）访谈场域

访谈场域即是访谈现场，访谈现场的设计或选择，其目的是烘托访谈氛围，激发访谈嘉宾的情感，能够让访谈嘉宾充分展现自己。

传统电视人物访谈类节目一般以演播室为基本谈话空间，其间可能会采取运用外景片段、资料镜头等蒙太奇手法来拓展空间，增强节目的空间感。这些手段的运用多是提升节目内容的丰富性、观赏性，让节目观众加深对节目内容的理解。有时，为了营造更轻松的谈话氛围，节目组会在户外或者嘉宾工作场所设置演播厅，从形式上来看，仍然是主持人与嘉宾对谈形式，比如运动会期间，在比赛看台的某一隅设置访谈演播厅。

而视听人物访谈类节目的访谈场域随着访谈人物和主题的不同，呈现出多元化的特征。有的场景是访谈对象工作或生活的场所，让访谈对象回归到最自然的状态，如《鲁豫有约大咖一日行》中访谈场所常常是饭桌和工作场所；《十三邀》中访谈场所常常是嘉宾常去的地方，如书店、街道等；《奇遇人生》的访谈场所则是没去过的自然环境中，访谈场域是节目所创造的。这些多元化的访谈场域与访谈嘉宾及其话题相契合，最主要的作用就是激发访谈嘉宾的内心情感，充分展现访谈嘉宾的独特个性和心理情感，引发观众深深的共情和思考。

（四）节目主持

人物访谈类节目可以说是真正意义上的"主持人节目"，节目的定位和风格与主持人的风格特征有着密切关联。同时，访谈节目是依托主持人与访谈嘉宾的互动来完成的，节目内容的思想内涵、嘉宾个性情感的展露都是靠节目主持人来调动、引导的。因此，人物访谈节目主持人的策划选择决定着节目的成败。

在人物访谈节目中，主持人是节目的主导者，主持人除了要求具有一般主持人的基本素养之外，还需要具有独特的个性特征与魅力，且节目主持人的风格特征应该与节目的风格特征融为一体，某种意义上，人物访谈类节目的主持人也是节目的独特符号。在新媒体时代，人物访谈类节目主持人的主体性、主动性和重要性愈发凸显。

传统电视人物访谈类节目主持人大多为具有主持背景的专业主持人，而新媒体时代的视听人物访谈节目主持人的选择更为多元，不再囿于专业背景，个人风格特色更加凸显。例如《送一百位女孩回家》的主持人丁丁张是青春文学作家、传媒公司总裁；《十三邀》的主持人许知远是出版人、作家。这些主持人虽不是专业班底出身，却在各自专长的领域有所建树，社会阅历丰富、个人特色强烈。这些鲜明的特色使得主持人自成"品牌"，也成为访谈节目的显著标志，为节目定下基调，助力节目人格化传播。除此之外，传统谈话类节目的主持人常常站在中立的立场来主持节目，而视听人物访谈节目中，主持人则是承担"陪伴者"的角色，不仅积极引导嘉宾发表观点，同时也在积极地表达自己的见解，与嘉宾的思维产生碰撞，更加强调个人价值的表达。具有个人风格的主持人在节目中尽可能真实地进行个人表达，在此过程中节目也随之具有了独特魅力。这种个人的价值表达与嘉宾产生思维碰撞、相互理解，让节目有更加丰富的内容表达和更强的可视性。

第二节 视听人物访谈类节目形态发展

访谈节目作为一种形式简单、成本较低的节目形态，最初是广播节目的一种常见形态。直到1953年，美国哥伦比亚广播公司播出节目《面对面》，这档节目被学界认为是电视访谈节目的开端。我国电视访谈节目出现比西方晚，1990年北京电视台创办的《荧屏连着我和你》是中国最早电视访谈节目，其后，中国视听人物访谈类节目经历了由盛及衰、再到融合转型的发展过程。

一、视听人物访谈类节目形态变迁历程

（一）萌芽发展时期（1990—1996年）

1990年北京电视台开播的《荧屏连着我和你》是我国最早的电视访谈节目，节目时长30分钟，节目从开播到2006年停播，邀请了百余种职业、两千余人到演播室作为谈话对象，该节目拥有广泛而稳定的收视群体，连续9年被观众评为"最受欢迎的电视栏目"。接着，1993年上海东方电视台《东方直播室》开播，由主持人、嘉宾和现场观众一起，采用"大家谈"的方式，共同探讨老百姓关心的热门社会话题，话题内容广泛，涵盖社会、家庭、经济、法律、文化等多方面。随后，全国各省市台出现了一批类似的访谈类节目，如上海卫视的直播谈话节目《今晚八点》、黑龙江卫视的《北方直播室》、广东卫视的《岭南直播室》和山东卫视的《午夜相伴》等。这一时期的电视访谈节目聚焦新闻、民生，展开时评、辩论，是电视节目的创新发展。但不足之处在于，节目的收视范围有限，一般限于本地，节目并没有在全国引起较大反响。

（二）由盛而衰时期（1996—2015年）

中央电视台1996年播出的《实话实说》，是最先在全国范围内产生巨

大影响力的电视谈话节目，该节目借鉴国外流行的"脱口秀"节目模式和风格，并加以本土化的创新，该节目在更多方面具有国外脱口秀节目特征。随后，央视又推出了更具有人物访谈节目特性的《文化视点》和《艺术人生》。两档节目都偏重于文化领域人物访谈，都是通过独特视角和真诚交流的形式来表现访谈嘉宾跌宕起伏的人生经历，在当时都收获了很高的收视率。

随后，中国各地区和各大卫视平台都相继推出一系列人物访谈节目，如湖北卫视《往事》、重庆卫视《龙门阵》、上海卫视《可凡倾听》《有话大家说》等。创办之初的凤凰卫视着力发展节目投入成本较低的谈话类节目，推出一批较有影响的栏目，如1998年开播的《锵锵三人行》、2001年开播的《杨澜访谈录》和《鲁豫有约》、2004年开播的《风云对话》等。这一阶段访谈类节目涉及的话题、内容更加广泛，且部分节目开始深耕专业领域，如湖北卫视2000年播出的《财智时代》节目聚焦于经济议题；《康熙来了》和《超级访问》更专注于娱乐圈人物访谈。这些节目在内容上达到深刻精准的高度，并在节目形式上实现了专业化与大众化的结合。伴随着电视访谈节目的黄金时期发展，也涌现出一批富有个性、家喻户晓的节目主持人，如杨澜、陈鲁豫、窦文涛等。从2000年至2010年，这一时期访谈类节目可谓遍地开花，各种类型和风格的人物访谈节目层出不穷，数量超过200多个，兼具特色性与创新性。

2010年后，随着互联网的普及，网络平台成为访谈节目的新战场。与此同时，传统访谈节目由于访谈话题的局限性，加上网络话题互动的活跃，使得传统访谈节目话题难有新鲜度，本就处于同质化竞争中的传统访谈节目逐渐式微，2014年《杨澜访谈录》停播，2016年《康熙来了》《超级访问》停播，2017年央视《艺术人生》因收视末位淘汰停播。这些节目的停播意味着电视访谈节目在网络媒体尤其是自媒体的繁盛期的迅速衰退。

（三）转型发展时期（2016年至今）

传统电视时期，访谈节目基本是以一种特定节目模式出现，节目主持人也往往是特定的问话方式和外形，在同质化竞争的情况下难免让观众产生审美疲劳。尤其伴随着网络媒介的兴起，人们获取资讯的途径多元且便捷，在碎片化、快节奏的时代，很少有人愿意在一个固定时间守在电视机前了解网络上随处可截取的信息。传统的访谈节目主要展现访谈对象过去与现在的经历，而进入互联网时代，这样的信息随处可寻。观众不愿仅满足了解访谈对象的人生经历，更想进一步了解访谈对象在人生经历中展现的独特人格与思想情感。

传统访谈节目开始跳出原有的桎梏，纷纷寻求多元发展路径，试图从内容和形式上探索"访谈＋"的多元化风格。2008年中央电视台推出的人物访谈节目《咏乐汇》，将饭局形式融入谈话现场，节目中每一道菜肴都有其特殊的含义，与访谈嘉宾人生经历有着密切关联，美食在引出访谈话题中起到了重要作用。这一时期出现了"访谈＋美食"的《拜托了，冰箱》，"访谈＋真人秀"的《奇遇人生》，"访谈＋纪实"的《鲁豫有约大咖一日行》，"访谈＋文化"的《朗读者》《见字如面》等，"访谈＋观察"的《让生活好看》《妻子的浪漫旅行》等。这些"谈话＋"节目的融合态势越来越凸显，非访谈元素在节目中大幅增加，"访谈"不再是节目唯一的焦点。尽管"访谈"作为不可或缺的基因和底色会始终贯穿于节目中，但它已发生了位置上的偏移，从曾经的节目焦点退隐成为节目的基本表达语态，让观众将更多的注意力放到了非谈话内容上。[①]在融合发展态势下，视听访谈类节目呈现百花齐放的形势，有些访谈节目和其他节目的类型边界也不再清晰。

二、视听人物访谈类节目形态融合趋势

从传统电视人物访谈类节目到视听人物访谈类节目，访谈类节目实现了从强调"访"到更注重"谈"的融合转向。传统电视人物访谈类节目形态一般为主持人与嘉宾对谈的单一模式，形式上可以为一对一对谈，或一

---

① 蒋宁平,易莎."谈话"的退隐与形态的多元——类型学视域中电视谈话节目的嬗变[J].中国电视,2022,(02):27-31.

对多对谈，只是从访谈主题上可以区分为新闻类访谈、文化类访谈、生活类访谈、娱乐类访谈等。近年来，随着广播电视媒体的融合发展，网络视频平台也出现大量自制访谈节目，访谈类节目不再是单一对谈模式，而是加入大量融合元素，在仍然以访谈嘉宾为中心设置话题的基础上，拥有了更强的互动性和可视性。视听人物访谈类节目的融合转向特征主要表现在以下方面。

（一）节目形态：从单一访谈转向"访谈＋"

传统电视人物访谈类节目在发展过程中已经形成了一问一答的固定模式，访谈流程也简单固定。而在融媒体时代，观众注意力资源稀缺，单一固定的访谈模式已无法吸引更多的观众。不同于传统电视人物访谈类节目只聚焦在"访谈"的形式和内容上，现阶段的访谈类节目兴起了"访谈＋"的类型融合新形态，即在保留"访谈"这种基本形式的基础上，融合其他类型节目的形式，呈现出同中有异的节目新样态。这种融合模式一方面是迎合当前平台化传播市场受众多样化需求，另一方面，融合模式也打开了更广阔的话语空间，增加内容容量。一些非谈话性元素融入节目之中，使节目内容呈现更具张力，而观众也有机会看到嘉宾更多侧面，使得访谈人物形象个性的呈现也更加立体。

访谈类节目越来越多地由电视端转向移动终端，在传统访谈模式难以适应新媒体平台百花齐放的情况下，节目开始在节目形式、节目参与主体等方面进行创新和细分，吸引对这类内容感兴趣的受众。这类受众与传统电视人物访谈类节目的受众相比更加小众化、个性化，因此视听人物访谈类节目的主题向情感、深度挖掘，重视情感的沟通，对情理的探讨，改变主持人与嘉宾对谈形式，采取"访谈＋纪实"（如《奇遇人生》）、"访谈＋文化"（如《十三邀》）、"访谈＋观察"（如《仅三天可见》）等多种融合形态，赋予了访谈节目更广、更深的表达和思考空间，以嘉宾视角带领观众观察和解读社会生活，分享不同的人生体验、探讨多元时代命题。

（二）访谈场域：由封闭时空走向开放多元

对于强调人际交流的访谈类节目而言，其独特之处就是沟通与互动的环境。传统电视人物访谈类节目一般环境较为单一、封闭，多为演播厅或者其他室内场所，节目视听元素集中到主宾之间的交流，有的会设置其他嘉宾或者现场观众，以让观众专注于节目内容和交流。随着广播电视访谈节目转向融媒视听访谈节目，访谈节目的空间场域更注重真实的现场环境，形成场景和访谈人物的互动，更容易调动自然真实的情感感受，凸显访谈人物的个性、情感及心理。融媒体访谈节目在访谈场域上的突破体现在以下几个方面。

首先是打破时间的限制。传统广播电视访谈由于固定在一定空间，因此访谈的时间也相对固定，访谈嘉宾受制于固定的时空，也只能在特定时空内展现自己，即便有一些辅助短片来展现访谈嘉宾多角度的形象，但是对嘉宾个人魅力的展现是极为有限的。融媒体访谈节目录制时间较为灵活，告别了传统电视谈话节目的固定时间访谈录制，访谈时间较长甚至可以多次采访，时间跨度较大。比如《十三邀》节目对罗翔的访谈，分在多个不同城市的不同时间来完成，时间跨度几个月，最终正片呈现出来的内容为60分钟。谈话时间跨度大，使得主持人与嘉宾之间更加熟悉融洽，让嘉宾的表达更加真实、真诚，更好地深度挖掘嘉宾的情感与个性。

其次打破了空间的局限。传统电视人物访谈类节目通常在室内演播室录制，谈话场景构建较为固定。而融媒体人物访谈类节目改变了演播室的固定录制模式，对话场景扩展到了嘉宾的日常生活和工作中，打破了以往的固定场景，在嘉宾熟悉的场景中开始对话。在《送一百位女孩回家》节目中，主持人通过陪伴或访问嘉宾的生活、工作通勤情况，与嘉宾交流，谈论他们的心路历程，让嘉宾自然而然地表达自己的观点与看法，深度挖掘嘉宾的人生故事。

（三）节目主持：从提问者转向为体验者

传统电视人物访谈类节目的主持人主要是承担提问者的角色，犹如一位旁观者，来询问并倾听访谈嘉宾所讲述的事情。随着融媒体发展和节目形态的变化，主持人不再是单纯的提问者，而是参与到访谈嘉宾的工作和生活之中，作为体验者来体验嘉宾的真实生活，感受嘉宾所传达的情感内涵。与此同时，主持人与观众的关系也有所不同，早期访谈节目中，主持人的角色也是一位讲述者，是向观众补充或辅助嘉宾的讲述。而融媒体视听访谈节目中，主持人和观众的关系更像引导者，引导观众进入嘉宾的工作与生活之中，沉浸式感受访谈嘉宾的情感与思想，比如《鲁豫有约》改版为《鲁豫有约大咖一日行》，再到改版节目《豫见后来》，主持人不再是演播厅中的讲述者，而更像一位导航者。观众在主持人第一视角的引领下，走进访谈嘉宾的工作、生活场域，在聊天式访谈中一步步走进访谈嘉宾的内心世界。

主持人从提问者到体验者的转向，也要求主持人的个性特征与节目定位更加契合，需要更具鲜明个性或者代表性的主持人来给节目带来特色，以吸引节目观众。传统电视人物访谈类节目主持人基本特征是具有亲和力的，与访谈嘉宾的对话多是探询状态，与访谈嘉宾之间有一定的距离感。而视听人物访谈类节目，主持人与访谈嘉宾之间的距离被抹平，主持人和访谈嘉宾之间更像老朋友，沉浸式地参与到访谈嘉宾的日常工作或细节生活之中，零距离地跟访谈对象就种种细节进行对话交流。因此，主持人也不再只是提问和倾听，而是进行个性鲜明的对话交流。视听访谈节目更注重"谈"，而独具个性的主持人也就使得节目的谈话风格独具特色。

第三节　视听人物访谈类节目模式创意

传统电视人物访谈类节目有着较为固定的模式，随着新媒体传播生态环境的改变，以往刻板的纯访谈方式很难再吸引观众，节目制作方在模式创意上尝试将惯常模式与其他节目形态元素相互融合，形成对访谈节目模式的边界突破，一些"去传统化"的"访谈＋"融合型节目类型应运而生，形成众多人物访谈类节目的创意模式。

一、视听人物访谈类节目创意模式类型

"访谈＋"节目创意模式是立足于人物访谈类节目的内核，将其他节

目形态元素与人物访谈类节目相结合，从而诞生出新的节目模式。但"访谈＋"不是简单的元素相加形成对以往模式的"破圈"，而是将其他元素与访谈节目巧妙地融合，形成真正融为一体的新的节目模式。

（一）"访谈＋纪实"模式

该模式将访谈与纪实元素紧密结合，通过实地拍摄和深入访谈为观众呈现嘉宾的真实生活和内心世界。节目将访谈置于嘉宾真实生活或工作场景之中，展现访谈嘉宾与周围人真实的互动，让观众看到嘉宾更真实、更"接地气"的一面。这种多维度展现方式不仅使得嘉宾形象更加立体、饱满，在访谈过程中，主持人还能通过真实场景引导嘉宾分享个人故事、思考和感受，通过深入交流挖掘出嘉宾的思想内涵和精神世界，典型节目有《鲁健访谈》《十三邀》《鲁豫有约大咖一日行》等。比如《鲁豫有约大咖一日行》中呈现董明珠在工作场景中与员工的互动，感受其在工作中严谨但又不失亲和的一面；《鲁健访谈》中，鲁健走进中国航天员中心，专访神舟十三号指令长翟志刚，通过纪实手法展现了航天员的训练和生活场景，同时通过访谈深入了解了翟志刚的太空经历和内心感受。通过"访谈＋纪实"的模式，节目能够为观众提供丰富的信息增量，打破认识定式，增强观众的"获得感"，观众在了解嘉宾的同时，也能从中汲取到正能量和人生智慧。

（二）"访谈＋真人秀"模式

该模式是将"真人秀"元素融入访谈之中，将访谈的纪实性与真人秀的戏剧性相结合。与"访谈＋纪实"模式所不同的是，它加入了戏剧性、表演性元素，在以纪实手法记录访谈嘉宾真实表现的同时，增加戏剧性元素，呈现访谈嘉宾不为人熟知的另一面，增加了节目的观赏性和娱乐性效果。因此，为凸显"秀"的一面，该模式会设置一些和访谈对象相关的场景来展现访谈对象在特定场景中的真实反应和表现。就具体的融合元素来看，这类模式有许多融入真人秀元素的垂直类型，这些模式主要表现如下。

1."访谈＋旅行"模式

该模式的代表性节目是《奇遇人生》。该节目为嘉宾定制独特的人生探索之旅，话题关注渺小的个体与浩瀚的世界之间的关系，比如龙卷风、阿尔兹海默症等。节目通过嘉宾的真实体验，展现自然世界的奇妙和人生的复杂，让观众在观看节目的同时获得心灵上的洗涤。节目带来真实的情感表达，嘉宾在节目中褪下光环，在旅行过程中进行"沉浸式"录制，真实展现自己的情感和反应，如访谈嘉宾在非洲见证小象与至亲的"生离死别"时当场落泪，观众也能深受感动。节目所传递出的人文关怀，引发观众深深的共鸣。

2."访谈＋美食"模式

《拜托了冰箱》《姐姐好饿》《熟悉的味道》等多档节目都沿用了该模式。"民以食为天"，在"访谈＋"策略创新上也发挥着至关重要的作用。面对面访谈向餐桌叙事的转向，弱化了传统美食类节目菜品制作的专业性与教学模式，以食物相关的元素作为小切口，展现出多样的饮食文化与明星的私人生活状态。受众以虚拟介入的方式沉浸式观看贴近性生活场景，也一定程度上迎合了其窥私欲。这类节目制作摒弃了浅薄的泛娱乐化理念，转向小而精的垂直化发展。与之相似的《拜托了衣橱》也是垂直类融合服饰元素的借鉴创新。

3."访谈＋观察"节目模式

该模式的代表性节目有《妻子的浪漫旅行》等。这类节目聚焦两性情感、职业发展、婆媳关系等话题，成为"访谈＋观察"类节目高收视率的保证。这类节目多设置双线场景叙事，一边是嘉宾自然生活状态，一边是演播室谈话的场景，引导嘉宾亲属好友来观察并进行访谈。这种场内场外并列叙事的模式满足了观众的好奇欲和窥私欲，较之纯真人秀更能增加戏剧效果，调动观众情感，为节目增色。很多情感观察类真人秀节目都设置了这种观察访谈场景，这类节目也常称之为"情感观察类真人秀"。

（三）"访谈＋文化"模式

这类模式代表性节目有《朗读者》《阅读·阅美》《见字如面》等。文化类节目以"文化"为根基，融入访谈节目的元素能够使之更有效地实现传承文化的初衷。《朗读者》与《见字如面》两档节目都选取了信件、家书等富有年代感的介质，采用"访谈＋朗读＋轻解读"的方式，把观众从"众声嘈杂"拉回"从前慢"中。两种节目元素的相互渗透，使文学节目一改以往严肃、刻板的高姿态，再现历史故事、连接时代愿景之余，又适时地引入热点问题，为谈话节目注入了文化节目所蕴含的人文历史与厚重情感，引发观众文化共情与情感共鸣，既避免了一般文化节目"曲高和寡"的尴尬，又使得节目保持了高格调、高质量。①

二、视听人物访谈类节目模式创意策略

(一) 丰富访谈嘉宾的选择

访谈节目应该根据受众的需求和节目主题来选择嘉宾，丰富嘉宾选择的多样性，拓宽选择嘉宾的思路，具体可以从嘉宾身份和嘉宾组合两个方面展开。

其一，访谈节目应当结合自身节目宗旨邀请更多阶层、更多领域、更多身份的访谈对象，而不是一味地将目光聚焦在有流量但没有新鲜感的明星身上。从更丰富的访谈对象身上，主持人能够挖掘出更丰富的人物故事、探讨更多元的时代命题，也更有利于观众产生思想共振和情绪共鸣。例如《和陌生人说话》将目光更多地聚焦在有故事的普通人身上，和罕见病患者探讨生命的意义、透过死囚的遗书窥探他们的内心世界、和中国第一例冷冻人的丈夫聊爱与永恒……观众在主持人陈晓楠的带领下，透过一个个故事走进"普通人"背后波涛汹涌的世界。

其二，访谈节目可以通过丰富访谈对象的组合形式来为节目增加内容。当将目光聚焦在单个访谈对象身上无法获得足够的信息量时，访谈节目可以尝试通过巧妙组合访谈对象来满足互联网时代对于丰富内容的渴

---

① 蒋宁平,易莎."谈话"的退隐与形态的多元——类型学视域中电视谈话节目的嬗变[J].中国电视,2022.(02):27-31.

求。例如女性向的访谈节目《姐妹们的茶话会》通过邀请不同国家的女性代表来聚焦"她"话题，挖掘"她"价值，释放"她"能量，凝聚世界新时代女性多频声量。文化向访谈节目《圆桌派》通过邀请"主题嘉宾＋金牌嘉宾"的组合式访谈对象，就包罗万象的节目话题展开探讨，既有专业的知识输出，又有多元的观点分享，引发观众的无限思考。

（二）话题设置契合时代发展

密集的直播、扎堆的题材、有限的视角与样本已经使访谈类节目的话题设置走到了主流与边缘文化更替的拐点。越来越多的节目不再"大浪淘金"，而是将视角移至曾被社会遗忘的边缘群体，从而达到减少社会隔阂的目的。

丰富元素的渗入勾勒出有关代际、社交、家庭的支线图景，带来了更多的话题覆盖面，延展了访谈类节目内容广度。除此之外，融合创新策略的特点还体现在节目与社会热点的结合，不再拘泥于所谓的家长里短、恋爱婚姻等软性话题，而是树立起对时效价值，如时事新闻、机制改革等"硬"话题，以及具有伦理价值的边缘群体话题的关注，以此为桥梁搭建出连接节目与受众心智的链接。比如《豫见未来》等节目都将话筒对准真正推动着时代发展浪潮的普通人，而《和陌生人说话》则从偏见的破与立出发，通过建构女性话语与青年话语，展现有关"丁克""颜值""亚文化"等话题与主流话语的碰撞、妥协，反映出访谈节目话题设置的边缘化趋势。受众的广泛覆盖度从要旨变为了一种选择，个体的同频共振成为节目追随的方向。人物访谈类节目策划就是要拓宽选题范围，善于去发掘新鲜事物，要紧紧地抓住时代和受众的痛点与需求，帮助解决人们面临的各种问题，从多种方向去正确地引导受众，提高节目的社会价值。

（三）搭建富有"故事"的访谈场景

访谈节目要善于利用"故事"场景，将人物放置进具有故事的场景之中，立体呈现人物形象，让嘉宾以探索事件的方式探索自己。

不论是《朗读者》中所设立的"小小朗读亭"，《圆桌派》里"一炷香一壶茶"的围炉夜话，还是《立场》根据被访者喜好所选取的实验室和稻田，抑或是《奇遇人生》从炎热干燥的非洲到人迹罕至的北极，都是制作团队贴合节目的风格定位，以构建心理场域为核心目的，对谈话空间进行改造的巧思。正如库尔特·考夫卡所言，人的每一个行动均被行动所发生的场域影响，而场域并非单指物理环境，也包括他人的行为以及与此相连的许多因素。恰如其分的室内装潢与摆件，原生态的自然风光都能一定程度地构建出共享、安全且愉悦的物理场域，激发被访者的谈话欲望与真实表达，以此使话语主体之间在不断的意见交流中升华情感，提升心理场的契合度。

新型访谈节目在原有基础上不断吐故纳新，而访谈场域作为话语主体间信息流动、思想碰撞的基础，其构建的科学革新也成为融合创新中的重要一环。

（四）凸显主持人个性与深度

与传统电视人物访谈节目衰退同步的是专业主持人领地边界的消弭，视听人物访谈节目在"去专业主持"的趋势之下，凸显"个性化标签"是主持人用身份建构、加强节目核心竞争力的重要方式。主持人作为人物访谈节目最凝练的标志化符号，其外在形象、语言风格、气质魅力等特点对节目整体基调与风格的塑造都具有不可复制性。因此，应当挖掘主持人鲜明的人格特性并加以深化。许知远的直截了当，易立竞的犀利、一针见血，抑或是鲁豫身上饱受争议的缺乏同理心，都为吸引特定受众和流量做出了不可忽视的贡献。

除此之外，应确立以主持人为核心的节目制作与播出模式，即"主持人"中心制，使其作为核心人物与绝对决策者，参与到前、中、后期的策划、采访、编辑、调控、剪辑过程，直到最终播出。所有核心内容由主持人把控、抉择和审核内容的方式，也最大程度上保证了节目的整体效果和主持人风格的高度吻合，赋予节目深度。

第四章

视听脱口秀类节目策划

脱口秀节目在西方是伴随现代传播技术的产生而出现的，从广播到电视，再到现在的互联网，脱口秀一直是西方观众喜爱的节目形态之一，也被视为解读西方社会政治、经济、文化的"钥匙"。脱口秀这种节目形式自西方引入中国后，经历了内容和形态上的发展与变迁。近年来，随着互联网视频行业的兴起和移动终端的融合，中国脱口秀类节目积极与时代接轨，以其特有的互动性与灵活性深受中国观众的关注和喜爱。中国脱口秀类节目不仅提供消遣娱乐，也在笑声中传递价值，对舆论导向产生重要影响，发挥着重要社会功能。

第一节　脱口秀类节目的界定

一、脱口秀类节目的定义

脱口秀一词来源于英语短语"Talk Show"，英语翻译中，talk为谈话，即脱口秀节目的核心形式，show为秀，即为节目效果的展现。talk和show的组合，构成了一个传媒行业的专有名词，也形成了一种新型的节目形态。脱口秀在《简明广播电视词典》中被定义为"通过讨论对新闻或社会问题进行评述、表达观点的一种形式"。

脱口秀发端于英国，最初是人们在咖啡厅里闲聊，讨论一些有趣的话题。之后，这个模式被引进到美国，并被引进到了广播电视行业，由此形成了一种新的节目形态。传统媒体时期，它通常以广播或者电视节目的形式出现，嘉宾们聚在一起，就主持人所提问题进行讨论。一般而言，脱口秀节目嘉宾都是有专门知识和对该节目的具体问题有特别了解的人。

随着互联网的发展，脱口秀与网络结合，网络脱口秀节目形态日益多样，除了传统的访谈、演说等形态，近年来衍生出许多网络脱口秀节目模式，如《奇葩说》《脱口秀大会》等。中国网络脱口秀的发展也从早期的引进、模仿到现在的自主创新，成为网络视听节目的重要组成。

二、脱口秀类节目的分类

脱口秀类节目按照传播媒介划分，可分为广播脱口秀、电视脱口秀以及网络脱口秀。

按照播出时段划分，可划分为日间脱口秀、深夜脱口秀两种类型。欧美国家多按照这种方式分类。

按照传播内容来划分，则可分为时事新闻类脱口秀、综艺娱乐类脱口秀、文化知识类脱口秀等三大类。目前我国脱口秀多是按照这种方式来分类。

（一）时事新闻类脱口秀

时事新闻类脱口秀是一种结合时事新闻与脱口秀表演形式的节目形态。它以当下热点事件、社会现象或政治议题为素材，通过幽默、讽刺、调侃等手法进行评论和表达。时事新闻脱口秀不仅具有娱乐性，还具有较强的时效性，能够迅速反映社会动态和公众情绪，成为连接新闻与娱乐的桥梁。比如《新闻槽天下》《每日头条脱口秀》等都是属于这种类型。美国一些知名的脱口秀节目《今夜秀》《史蒂芬·科尔伯特晚间秀》等也是属于时事新闻脱口秀。

（二）综艺娱乐类脱口秀

综艺娱乐类脱口秀是融合了娱乐、谈话和表演元素的综艺节目形态。它以轻松幽默的方式来呈现，旨在通过主持人的引导，与嘉宾进行互动，讨论各种话题，为观众带来欢乐和思考。综艺娱乐脱口秀的话题广泛，涉及社会热点、明星八卦、文化现象、生活琐事等，以满足不同受众的兴趣需求。在娱乐的同时，也注重传递正能量和积极价值观，引导受众思考社会问题和人生哲理。我国当前网络脱口秀多属于这一类型，如《吐槽大会》《脱口秀大会》《金星秀》等。

（三）文化知识类脱口秀

文化知识类脱口秀是将文化知识与脱口秀相结合的节目形态。该节目类型的内容囊括政治、经济、历史、文化等方方面面，受众对象也多为文化群体。该节目主持人往往凭借自身人文涵养和专业知识，在节目中生动讲述历史人文等领域的故事，娓娓道来，幽默诙谐，能将枯燥的知识讲得精彩纷呈。我国文化知识类脱口秀代表性节目有罗振宇主持的《罗辑思维》、高晓松主持的《晓说》等。在文化知识类脱口秀中，主持人的个人魅力十分重要，对节目品牌的塑造有着深远的影响。

第二节　欧美脱口秀节目的发展

脱口秀形成于18世纪英国英格兰地区的咖啡馆聚会。聚会上，人们讨论时下最热门的人物和事件来获得更多有价值的信息。随着传播技术的发展，这种聊天漫谈形式被搬上了广播和电视，脱口秀节目应运而生。脱口秀节目极富时代文化特征，欧美脱口秀与中国脱口秀特点各有不同。

一、欧美脱口秀节目的产生

脱口秀节目不仅具有很强的时代特征，同时也兼具表演"秀"的特质，节目中常运用多元化表现形式，对当下的热点事件和议题等进行点评，提出针对性的意见和看法，使观众在相对轻松和谐的氛围中获取信息，接受教育。与其他节目不同，脱口秀节目的主持人并没有相应的剧本进行指导，而是凭借自身随机应变的能力与现场观众开展互动。

20世纪20年代，脱口秀节目的最初形态——广播脱口秀诞生；20世纪30年代诞生的《芝加哥圆桌大学》是世界上第一档公开讨论非新闻话题的脱口秀节目；而20世纪40年代出现的电视脱口秀节目《小城大腕》则创造性地将娱乐元素带入了脱口秀节目。从这一时期开始，脱口秀节目的主持人不再同新闻播报员一般过分严肃，不再单纯地谈论政坛要闻，洒脱的主持风格和开放的谈话取代了既往传统的脱口秀节目模式。

自20世纪50年代以来，美国电视脱口秀节目逐步发展起来。1954年播出的《今夜秀》通常被视作电视脱口秀节目的鼻祖，该节目的主持人不仅风趣幽默、乐于自嘲，还经常与观众开展许多搞笑的互动，在当时收获了诸多观众的青睐。自此以后，在广大受众眼中，脱口秀已然成为人们表达自身想法的一种有效途径。同时，随着广告赞助商的出现与介入，脱口秀节目也开始逐步向着商业化运作的方向发展。这一时期，许多敏感话题基本不会在电视脱口秀节目中出现。

　　步入20世纪60年代，美国的政治环境发生剧变，这一时期脱口秀节目的主题一改往日娱乐的风格，转而倾向于锋利、暴力的话题，政治与性方面的话题也不再是禁忌，节目的议题也涉及了政治、经济、文化乃至于生活的方方面面，这一时期最具特色的脱口秀节目就是《菲尔·唐纳修秀》。

　　20世纪80年代的美国，政治和社会环境再次发生剧变，此时的脱口秀节目反映着当时尖锐的社会矛盾，具有代表性的脱口秀节目包括《杰拉尔多访谈》和《赛莉·杰西·拉斐尔秀》。在这样一种社会矛盾尖锐的时代环境下，美国诞生了一大批杰出的节目主持人，并在当时具有很强大的影响力。

　　20世纪90年代以后，随着社会的进一步发展，脱口秀节目的主要目标已转变为获取高收视率，诸多娱乐脱口秀开始邀请明星加入节目之中，同时设置了大量有趣的游戏环节，这都进一步促成了娱乐脱口秀节目的诞生。在播出时间方面，不论是清晨还是深夜，都会设置脱口秀节目，不论在何时何地，大众都可以打开电视或者电台，选择并接收各种各样的脱口秀节目。就电视脱口秀节目来讲，白天的脱口秀节目种类较多，从周一到周五，从中午12点到下午6点，各大电视台基本都在播放脱口秀节目，面向的观众多为家庭妇女，她们以此来打发相对空闲、无聊的时光。《奥普拉·温弗瑞秀》是其中的招牌节目，凭借其有趣的内容吸引了海量的观众。在晚间档，脱口秀节目多以幽默段子和名人嘉宾访谈为主要内容，面向的受众多为男性，以轻松诙谐的方式将社会时事、重大新闻以及人物融入节目中，用幽默甚至"毒舌"的语言对当下热点事件进行点评，《艾伦秀》是其中的代表性节目。

　　如今，随着新媒体的进一步发展，特别是移动端设备的更新与迭代，脱口秀节目实现了进一步的灵活创新，并且可以通过电脑和手机等媒介被观赏，同时也对社会产生了深刻影响。

二、欧美脱口秀节目模式特点

　　经过近百年的发展，欧美的脱口秀节目逐渐形成了自己"用娱乐的方式影响严肃的政治"的特征，产生了诸如《奥普拉·温弗瑞秀》《柯南·奥布莱恩深夜脱口秀》等负有盛名的脱口秀节目。这些脱口秀有如下的主要特点。

（一）文化晴雨表

欧美脱口秀节目往往包含开场单口独白、喜剧环节、嘉宾访谈和音乐表演等环节，这已成为一种相对固定的模板。节目内容则涉及政治、经济、文化等多方面的话题，因此，脱口秀节目成为理解西方思维模式、政治观点和社会现状的一把钥匙。

欧美脱口秀节目不仅是娱乐的载体，更是记录社会巨大变化的媒介。观众可以从中了解到西方社会的政治、经济和文化等方面的动态和变化，政治话题、时事笑话时常出现在脱口秀节目中。欧美脱口秀主持人对政治话题也大都保持坦诚公开的主持风格，这在一定程度上也保证了节目观点的开放性。如《科尔伯特报告》主持人科尔伯特在讨论当年美国政坛中的选举情况时，不仅在民主党代表奥巴马连任竞选时猛烈抨击了其竞争对手，也在震惊世界的"棱镜门"发生后严词痛斥了奥巴马政府对民众隐私权的侵犯，可以看出其在脱口秀节目中并不带有明显的政治倾向性，而这种自由表达也成了欧美脱口秀节目能吸引大量观众的原因所在。

（二）即兴式幽默

美国深夜脱口秀节目每次都会以一连串幽默讽刺笑话开场，节目中时常拿时事政治调侃。脱口秀通常以短、平、快为特点，每分钟会有三四个段子，十几秒就能讲完一个笑话，密集的笑点是欧美脱口秀节目的法宝。除了事先准备好的笑料"包袱"，还尤为擅长在节目中随时拿现场观众、嘉宾、乐队取乐，根据对方的反应和现场气氛，运用夸张的表情、声音和肢体语言即兴创造出新的笑料。脱口秀节目主持人的即兴发挥成为每档脱口秀节目最大的亮点。

一般来讲，这些节目都有敏感而睿智的文字团队撰写笑话，捕捉新闻中可以用来调侃的新鲜事。平面和网络媒体也会收集和转载这些脱口秀节目中的时事政治笑话，使得脱口秀节目内容得到更广泛传播。

（三）草根互动性

和草根观众、粉丝进行互动是欧美脱口秀经常采用的方式。这个版块的内容很受欢迎，其中最常出现的是"海采"版块，主持人走上街头，向路人随机询问对时事新闻或者政治人物的看法，经常会获得夸张离奇的回答。有些具有特点的采访对象受到欢迎，就成为节目固定的采访对象，比如《今夜秀》节目中固定版块"吉布和吉姆怎么做"。吉布和吉姆是一对再普通不过的青年男女，他们每次面对采访都很荒唐可笑，展现出草根原生态的幽默。

另外，还有一些草根互动来自社交视频网站的搞笑视频，被主持人加上幽默的评语，还有的会展示网络上奇怪的物件，让观众来竞猜……总之，随着网络脱口秀兴起，社交网络元素成为脱口秀节目模式的重要组成部分。

三、欧美代表性脱口秀节目

《奥普拉·温弗瑞秀》（又称为《奥普拉脱口秀》）

1. 节目概况

《奥普拉脱口秀》由美国知名脱口秀主持人奥普拉·温弗瑞制作并主持，是美国历史上收视率最高的脱口秀节目。同时，它也是美国历史上播映时间最长的日间电视脱口秀节目。节目于1986年9月8日开播，于2011年5月25日停播。

《奥普拉脱口秀》是世界上最成功的脱口秀之一，开播多年以来收视率一直稳居美国脱口秀节目前列，25年里总共播出4561集，累计获得过47次日间艾美奖的殊荣，并且在全世界超过160个国家播出，在全球拥有庞大的粉丝群体。

2. 节目模式特点

（1）极富个性的主持。奥普拉是一位来自美国的主持人、演员和制片人。其在脱口秀节目中时刻充满热诚与活力，向世界观众展现了她真诚、率直、充满怜悯之心的主持风格，她还有着强大的共情能力，尤其是关于女性话题。也正因为如此，奥普拉才会受到全球无数人的追捧。

奥普拉本人生平极具传奇色彩，她出身贫寒，但却凭借自己对生活的热爱和不懈的努力闯出了一片天，最终成为名震天下的"脱口秀女王"。在节目当中，由于自己幼时曲折的人生经历，奥普拉往往能够设身处地地去感受他人的快乐或是痛苦，她总能敞开心扉，与观众们共情，唤醒大家内心深处的那一分温暖，因此也有许多人视奥普拉为生活导师。

（2）话题的延伸性。在节目选题方面，《奥普拉脱口秀》注重选择具有较强社会属性的议题，节目组往往会重点关注性别问题、生活问题等贴近民众日常生活的话题，通过分析和探究这些现实中真实发生的事件，为观众提供针对性的建议。另外，《奥普拉脱口秀》本身就具有很强的话题性，因此，在这个节目中，人们常常会谈论一些具有社会争议或者轰动效应的事情，或者是让人困惑的心理问题。为了应对上述问题，节目有时会线上求助相关专家；有时也会邀请相关领域的专家莅临现场，协助主持人、嘉宾一起直面问题，并找出解决方法。

（3）形式的灵活性。相比于既往的电视脱口秀节目，《奥普拉脱口秀》的节目形式也十分灵活，往往是严肃话题与轻松的表演相结合。在节目的前半段，奥普拉往往会带动观众一起集中探讨某个社会问题；而在节目的后半段奥普拉则会请出一位特邀嘉宾到现场互动，主持人和嘉宾们都会并且愿意将自己的生活、想法、个人魅力展现给观众，配合音乐、灯光、舞台效果，让现场的氛围变得更加热烈。

第三节　中国脱口秀节目的发展

一、中国脱口秀节目发展历程

在中国广播电视行业发展进程中，脱口秀节目起步较晚，但是发展速度很快。欧美脱口秀节目制作模式相对成熟，发展体系较为完善，我国最初电视脱口秀节目形式多是对欧美脱口秀节目的模仿和改进，将欧美脱口秀节目制作运营经验作为参考并进行本土化改造后，达到优化节目的效果。随着新媒体发展，中国网络脱口秀节目逐渐形成独特风格。

（一）萌芽时期

20世纪90年代初，我国脱口秀节目出现了萌芽，当时的中国电视脱口秀是受欧美脱口秀的启发而产生，在节目形式上也借鉴了欧美脱口秀。上海东方电视台于1992年推出《东方直播室》节目，在中国电视发展史上开创了脱口秀节目的先河。节目在中国电视历史中第一次采用了主持人、嘉宾和现场观众三方作为组成元素，在互动中讨论时事政治和社会新闻。

虽然20多年前的《东方直播室》稍显稚嫩，但其崭新的节目形式对中国电视行业产生深远影响，全国的其他电视台也开始尝试制作类似的节目，包括黑龙江电视台的《北方直播室》、广东电视台的《岭南直播室》等。其后的中国脱口秀节目中，中央电视台、凤凰卫视很少推出纯娱乐的脱口秀节目，它们大多着眼于经济和社会等话题，而地方卫视的脱口秀节目大多是地方特色与娱乐化的结合。

（二）发展时期

1996年，中国脱口秀节目发展迎来了一个重要节点，《实话实说》在中央电视台开播，这档节目的影响和意义都极为深远，自此我国脱口秀节目也进入了发展期。《实话实说》使用群体讨论方式，在场主持人、受邀嘉宾和观众都相互讨论，在轻松氛围下各抒己见，讨论某一议题。该节目在很大程度上借鉴了美国著名脱口秀节目《奥普拉脱口秀》，反映了脱口秀节目在我国的本土化发展，进一步满足了观众的需求，也使观众对于脱口秀节目本身有了更深刻的认识。

《实话实说》之后，央视趁热打铁，推出《艺术人生》《咏乐汇》等，进一步奠定了中央电视台在中国脱口秀节目领域的龙头地位。

（三）成熟时期

随着脱口秀节目在我国的发展，节目制作人也逐渐从模仿国外节目转变为结合自身特色，根据本地的文化特征来进行脱口秀节目的创新。

这一时期，凤凰卫视的表现极为突出，在脱口秀节目领域参与制作了不少极富创新性的节目，比如《锵锵三人行》。该节目一开始由窦文涛单独主持，之后根据每期节目的主题需要邀请不同的嘉宾参与讨论。在节目中，主持人与嘉宾的观点碰撞出激烈的火花，使得节目更加精彩，收获了大批的拥趸。

在访谈类脱口秀方面，凤凰卫视也推出了一系列优质节目，比较有代表性的包括《杨澜访谈录》《名人面对面》《鲁豫有约》以及《一虎一席谈》等，这些节目都收获了许多观众的热捧。凤凰卫视凭借其在脱口秀节目领域的创新，展现了其节目制作功底和节目输出能力，成为当时电视行业的一道标杆。

步入21世纪，我国电视媒体在市场化背景下纷纷寻求改革、创新，而脱口秀节目也成为这一改革热潮的关键风口。从2012年《今晚80后脱口秀》等节目的问世，发展到只依靠主持人就能够完成整个节目的播出阶段。这些节目以当时中国广大社会民众的生活作为节目素材，运用中国艺术如海派清口、相声等形式，将欧美节目本土化，引用中国式的幽默、段子，引起人们的共鸣。2015年之后，一些电视台推出的脱口秀节目，不但关注娱乐热点，同时也涉及文化碰撞、文化交流问题，再加上具有个性风格的节目主持人，形成了自身独特风格，再次掀起了收视热潮，也宣告脱口秀节目的发展步入了成熟时期。

（四）互联网发展时期

随着互联网的蓬勃发展，脱口秀节目也迎来了全新时代。互联网的普及使节目有了更多可供选择的素材和主题，受众的范围也不断扩大，为脱口秀节目的发展提供了更为广阔的空间。这一时期比较有代表性的节目有《晓松奇谈》，该节目展现了高晓松本人对于生活中各种社会现象的独到见解，由于他本人阅历丰富，使得节目有趣有料，受到了许多观众的喜爱；而在新媒体影响下，《罗辑思维》这档脱口秀节目也很有特色，该节目由罗振宇创办，充分运用互联网思维，以微信这一社交媒介为载体同观众展开互动，再通过拥有海量用户基础的自媒体进行传播，使得这一网络脱口秀节目取得了不俗的反响。2014年，《奇葩说》开播，节目主持人由马东担任，节目创办的目的是发掘华人华语世界中有想法的"最会说话的人"，定位为一款说话达人秀，体现了网生综艺的特点。央视在这一时期仍在脱口秀节目方面有所建树，其推出了科普类节目《是真的吗》，主持人黄西是互联网上颇具人气的单口喜剧人，该节目将脱口秀与科普相结合，给观众带来了不同于一般脱口秀节目的新鲜感。

之后《吐槽大会》《脱口秀大会》的诞生更是进一步推动了网络脱口秀的热潮，尤其是《脱口秀大会》第三季，创造了平均每期1.1亿的播放成绩和54.4亿的微博话题阅读量，使得观众对脱口秀的认知度、接受度以及喜爱度都上了一个台阶。同时，这些网生脱口秀立足于中国本土现实，以爆梗文本、跨界选手、脱口秀式广告等创新了中国脱口秀节目的独特模式。

二、中国脱口秀节目模式特点

中国脱口秀类节目在成长过程中，既较好地吸收西方脱口秀节目长处，又在本土化的过程中适时地进行融合创新，使中国脱口秀节目发展走上了本土化道路。当前中国脱口秀类节目的创新发展呈现以下主要特征。

（一）节目模式多样化

节目模式创新是中国脱口秀类节目的创新发展亮点之一，在脱口秀节目形式进入中国后，经历了从单一谈话到舞台秀表演、辩论、吐槽等多样态节目模式的过渡与创新。我国脱口秀节目本土化创新主要体现在两大方面。一是节目呈现场景的创新。在节目场景设置上，我国脱口秀类节目注重场景创新，依据节目内容和形式不断对呈现方式进行调整，从早期简单的访谈环境到如今仪式化的表演场景建构，节目场景的呈现形式日益多样化，从视觉和形式上给观众打造一个沉浸式的观看场景和极具个性化的节目呈现形式。比如在优酷播出的网络脱口秀节目《圆桌派》就结合不同的节目录制地点进行场景的更换，在空间上构建仪式感。二是节目表达形式的创新。在 30 年的发展时间里，国内脱口秀节目逐步突破仅靠"说"的形式框架，开拓出以辩代说、以嘲代说、以演代说等多种形式，形成了"脱口秀＋综艺""脱口秀＋竞技"等多样化格局，不同形式的节目活跃了我国脱口秀节目市场，满足了观众日益丰富的观看需求。

（二）节目叙事年轻化

我国脱口秀类节目在叙事内容、叙事话语上呈现出年轻化的特征。一方面，随着互联网和移动终端的发展，当前大部分脱口秀类节目是在网络视频平台播出，这也决定了这类节目所面向的受众群体偏年轻化。由此，当前脱口秀类节目内容中包含了许多亚文化的元素，所涉及的节目内容大多为当代青年群体所关注的娱乐、情感、生活类话题，比如关于加班的"996"问题、"内卷"问题等。同时，节目传递的观念都相对贴近年轻群体。另一方面，脱口秀类节目在叙事话语上呈现年轻化、亚文化的特征。尤其是当前的网络脱口秀节目，以强大的"造梗"能力在节目中使用并创造许多网络流行语，这些日常生活化、口语化的"梗"在很大程度上也消解着日常中的严肃议题，形成了颇具颠覆意味的网络脱口秀文化场景，强化着节目戏谑、调侃和娱乐化的表达，比如："普信梗""内卷梗"等。在网络脱口秀节目中，调侃话语和戏谑文本无处不在，改变了以往脱口秀文化中强调的针砭时弊色彩，这样的叙事表征都指向了网络脱口秀娱乐化、弱抵抗的后亚文化风格特征。

（三）主持嘉宾多元化

我国早期的脱口秀节目主持人和嘉宾组成相对单一，随着节目的迭代创新，主持人和嘉宾组成结构也趋向多元。总体来看，我国脱口秀类节目对于主持人和嘉宾设置呈现出跨界化、草根化的特点。首先，从主持人和嘉宾身份或职业来看，早期节目主持人大多是有较强语言表达能力的专业主持人，而后出现了一些语言表演工作者，比如从事相声表演的人士来从事脱口秀表演，如《今晚80后脱口秀》等节目中的主持人。而随着网络脱口秀节目的兴起，参加脱口秀节目的嘉宾日益草根化，网络脱口秀节目更倾向于邀请不同职业、不同身份、不同领域的人士共同演绎，而非只局限于名人名流的参与。比如，在"人人都可以说脱口秀"的节目宗旨下，《脱口秀大会》中节目嘉宾都是来自不同职业的素人。其次，脱口秀节目也开始尝试跨界合作，尤其是网络脱口秀的兴起，脱口秀节目往往会选择备受年轻人喜欢的网络播主来参加节目，比如法学教授罗翔、眼科医生陶勇等。这些专业领域的"网红"播主在年轻群体中无疑具有"意见领袖"的地位，他们以轻松、调侃的话语聊起年轻人关心的话题，并以专业视角来进行解读，很容易被年轻人接受。比如罗翔在《脱口秀大会》上以幽默、调侃的风格解读遗弃、跳槽中的种种法律问题，让脱口秀变成了一次普法教育。

总之，中国脱口秀节目的网络化发展，使得节目模式呈现出适应网络化发展的趋向，一方面，使节目被更多的年轻网民们所接受；另一方面，也推动了更多的草根群体参与到脱口秀节目的表演中，真正体现了网络视听节目"参与即传播"的发展趋向。

第四节　网络脱口秀节目创意策划

新媒体环境下的脱口秀节目与传统媒体时代的节目存在着显著差异，由于节目受众的注意力分散，节目内容需要适配社交短视频平台的短时长、高密度输出；社交化传播使得节目传播呈现即时互动性，弹幕、网络评论等使节目从制作者文本转变为受众参与式文本；另外，圈层化、嘉宾IP化等特征也是流量时代的传播密码，成为新媒体时代脱口秀节目创意策划必须考量的因素。相较于传统脱口秀节目，新媒体时代脱口秀节目策划创新主要体现在以下方面。

一、内容创新：从大众化到垂直深耕

新媒体环境下，视听节目的"泛娱乐"内容竞争力在下降，需精准定位受众兴趣点，垂直深耕对于社交网络圈层更具吸引力内容。比如职场生存相关话题在网络社区具有热度，围绕加班、内卷、躺平等职场话题，《怎么办！脱口秀专场》节目推出"职场黑话"专场，就引发了网络社区中白领群体共鸣。另外，地域文化等议题，在网络圈层中也极易产生共鸣，比如成都本土脱口秀厂牌"过载喜剧"以"方言梗＋本地生活观察"吸引了川渝用户，单场直播在线人数超10万。要做到内容策划的垂直深耕，需要通过大数据分析目标用户画像，挖掘高共鸣低竞争赛道。

脱口秀节目和热点问题联系密切，新媒体脱口秀需具备对热点事件及时反应的能力，要将热点事件快速转化为创作素材，强化节目内容的时效性。节目策划可以借助人工智能、大数据算法等技术建立"热点监测系统＋快速内容生产"流程，通过人机协同，进行编剧团队的分工协作和文案生产，提升内容策划效率。

二、形式革新：跨界融合与场景重构

新媒体时代脱口秀节目的传播渠道更加多样化，跨界元素融入已成为节目制作中的常态。多样化跨界元素融入，使节目内容更加丰富、形式更加多样。

首先是脱口秀节目参与者的跨界融合。脱口秀节目参与者不再仅限于主持人、专家、评论员，还有了更多的破圈选手，比如相声演员、说唱歌手、短视频播主等各行各业参与者；而新媒体环境下还加入了虚拟数字人等参与提问及发表意见，使节目形式更加活泼有趣。互动式脱口秀还使网络观众成为脱口秀内容参与者，如B站《故事王》让用户决定选手PK主题，观众通过直播弹幕实时投票选择话题；《脱口秀大会》开设"全民投稿通道"，第四季素人选手小块凭借微博投稿视频获得登台机会，相关话题"银行职员讲脱口秀"登上热搜。《脱口秀不要停》推出"观众投票决定淘汰选手"模式，单期互动参与人次超120万，观众投票数据反哺后续选题策划。

其次，在形式上实现"脱口秀＋"的融合，如脱口秀＋微短剧/纪实/游戏等。《谭谈交通》以交警街头执法为场景，融入即兴脱口秀元素，B站二创视频播放量超2亿；腾讯视频《脱口秀不要停》采用"脱口秀＋密室逃脱"模式，演员根据游戏进程即兴吐槽，也获得了受众的热捧。

最后，节目场景可以采取融合元素。在新媒体时代，脱口秀节目录制场地不再局限于单一的演播室，而是延伸到了编辑部办公室、后期剪辑室等幕后场所。这种多样化的录制场地使观众能够更深入地了解节目的制作过程，增强节目的趣味性。节目制作方面，可以融入多版块分屏、弹幕滚动、跳跃式字幕等方式，以及铺设多段配乐和音效、画面色彩亮丽鲜明等多样化元素。这些融合元素的加入，使节目更加符合年轻人的审美需求。人工智能、虚拟现实等技术也可以应用于节目制作，如AR虚拟场景、AI表情捕捉等技术应用可以提升节目传播的沉浸感。如，笑果文化推出"笑果VR剧场"，用户可通过VR设备进入虚拟脱口秀俱乐部，实现360度视角切换与虚拟观众互动。

三、跨媒介传播创新：矩阵化传播网络构建

媒介系统依赖理论（Media System Dependency，MSD）强调多渠道协同效应，新媒体环境下的脱口秀节目传播需构建"长视频＋短视频＋直播＋社群"的立体传播网络。比如，《脱口秀大会》构建"节目＋剧场＋播客＋小程序"传播矩阵，节目正片在视频平台播出，碎片化内容在抖音分发，线下开放麦通过小程序售票，音频节目《笑果FM》在喜马拉雅沉淀深度用户……跨平台运营使《脱口秀大会》第五季全网曝光量达460亿次，较前季增长73%。

另外，在商业运作和营利模式方面，脱口秀节目不仅依靠广告收入来维持运营，还可以通过赞助、版权销售、衍生品开发等多种方式实现盈利。例如，一些脱口秀节目会与品牌商家进行合作，推出联名产品、举办

线下活动等，这些活动不仅有助于提升节目的知名度和影响力，也为节目带来了可观的商业收益。比如瑞幸咖啡联合《脱口秀大会》推出"职场续命专场"，将拿铁产品植入加班场景段子，带动当日 App 订单量增长 37％；美团外卖在《怎么办！脱口秀专场》中通过演员口播"谐音梗"——"困了累了别喝 X 牛，点美团外卖更快呦"，实现广告植入的自然转化。同时，随着版权保护意识的提高和版权市场的不断完善，脱口秀节目的版权销售也成为一种重要的营利模式。

在品牌建设和推广方面，随着社交媒体的发展，脱口秀节目也更加注重在社交媒体上进行品牌推广和营销，通过发布短视频、直播等形式与观众进行互动和交流，进一步提升了节目的品牌价值和市场竞争力。

总之，新媒体时代的脱口秀策划需以"用户参与"为核心，构建内容创新、技术赋能、生态运营的三位一体策略。这种策划策略在《一年一度喜剧大赛》《脱口秀大会》等成功案例中得到运用。可见只有深度把握新媒体传播规律，才能在注意力资源稀缺时代持续创造爆款。人工智能时代的脱口秀节目竞争将聚焦于智能化体验与智能化传播运营，这要求策划者关注人工智能前沿技术并具备传播理论素养。

第五章

视听综艺类节目策划

综艺节目一直是传统电视媒体中为受众喜爱的节目类型之一，尤其是在20世纪，电视综艺是丰富我国广大受众日常文化生活的重要方式。从《综艺大观》到《正大综艺》再到《快乐大本营》《开心辞典》等，电视综艺节目的类型日益丰富，并成为电视媒体中的主要节目形态。和新闻类、社教类节目相比较，综艺节目最主要的特点是"寓教于乐"，即通过娱乐节目形式，让受众在轻松愉悦的氛围中接收到思想启迪和艺术熏陶。随着网络新技术的发展，网络综艺成为视听综艺类节目主要形态，并对社会文化生活产生重要影响，同时也使视听综艺类节目发展呈现新的变化。

第一节　综艺类节目的界定与分类

一、综艺类节目的界定及特征

综艺节目（variety show）的概念最早源于20世纪50年代的美国电视业，主要是指"将各种艺术表演，如音乐、歌舞、戏剧小品、戏曲片段、相声曲艺、魔术杂技、武术等综合在一起，组成一台完整的文艺表演节目。顾名思义，就是综合的艺术"。[①]作为综合的艺术形式，综艺节目的涵盖形态较为广泛，凡是利用视听媒介传播的文艺节目，能给观众带来艺术娱乐和审美享受的视听节目形态，都可以归于此类。

传统广播电视时代，综艺节目是电视荧屏上一种最为普遍的节目形态，我国各级电视媒体都开办过不同定位的综艺频道或者综艺栏目，中央电视台综艺频道以"弘扬优秀文化、重在文化品位、荟萃文艺精华、注重社会效益"为宗旨，创办了诸如《星光大道》《开心辞典》《欢乐中国行》等不同形态的综艺节目；湖南卫视以"快乐中国"为宗旨，创办了《快乐大本营》《超级女声》《天天向上》等一系列极具特色的综艺节目，为湖南卫视持续赢得了较高的收视率；国内其他卫视也在综艺类节目各有突出表现，比如《中国达人秀》《非诚勿扰》等都成为各卫视的王牌节目。

随着网络视频的发展与普及，在相关政策的推动下，国内民营制作公司也在不断发展壮大，网络综艺成为综艺节目发展的新方向。综艺节目不断吸收各种融合创新元素，节目类型也日益丰富，从益智冲关到才艺选秀，从歌唱记忆类节目到婚恋情感类"真人秀"，综艺节目的边界范围也不断扩展，节目理念也向着多元化的趋势不断发展。在此情况下，对于综艺节目有待进一步做出明确界定。结合现有研究者的观点和综艺节目发展趋向，本书认为，综艺节目是指以为大众提供娱乐为目的，运用各种视听

---

① 威尔伯·施拉姆.传播学概论[M].陈亮,李启,周立方,译.北京:新华出版社,1984:275.

手段，对各种生活娱乐形式（如故事、笑话、猜谜、游戏等）与艺术元素（如音乐、舞蹈、戏剧等）进行有机融合和创作，形成的具备较强娱乐性和互动性的综合视听节目形态。

综艺节目的核心特征是：娱乐性、互动性与文化渗透性。随着网络综艺节目的发展以及表现形态的日益丰富，综艺节目的娱乐性被进一步强化，并呈现出多层次的表达，比如益智类、游戏类、情感生活类等各类综艺节目满足不同受众的文化娱乐需求。在新媒介技术的驱动下，综艺节目的传播也告别了传统电视"沙发土豆"式单向传播模式，呈现出深度交互的传播趋势，弹幕互动、在线投票、商品链接、虚拟现实交互等全新互动元素，使综艺节目互动性呈现诸多新特点。网络综艺因其覆盖面广、影响力大、渗透性强等特征，对整个社会文化观念尤其是青年文化观念的构建起着无可替代的重要作用，比如《乘风破浪的姐姐》重构年龄叙事，推动"30＋女性"百度搜索量增长300％，也重塑了社会对于大龄女性事业、生活等观念认知。也正因为综艺节目的社会影响力不断加强，政府有关部门对于网络综艺节目的内容审核也按照新的动态，不断出台相关法规以规范其内容生态的发展完善，对于我国网络综艺的健康发展提供政策保障。

二、综艺类节目的主要类型

综艺节目种类繁多，按照不同分类方式可以分出不同类别。传统电视时期，按照播出样式，可以分为常规性栏目（如《综艺大观》《正大综艺》等），综艺晚会（如"春晚"、中秋晚会等），赛季节目（如《CCTV青年歌手大奖赛》《超级女声》等）。随着网络综艺节目融合形态的发展，节目中各种要素融合杂糅，各种分类方式都难以涵盖当前层出不穷的创新节目形态。因此，按照当前综艺节目中的主要要素，综艺节目的主要类型有以下几种。

（一）演播室(厅)综艺类

演播室（厅）综艺即主体内容和主控流程均在实景和虚拟演播室内制

作完成的综艺节目。演播室综艺节目是综艺节目最传统的形态，我国最早出现的综艺节目《综艺大观》等就是典型的演播室综艺。

演播室综艺节目的空间形态相对完整、集中且单一，节目由多元创作主体、视听技术手段等共同支撑起演播室在节目生产中的各种功能。演播室综艺节目起源于20世纪80年代，伴随电视技术的快速发展以及节目形态的多样化，演播室的空间、功能也不断丰富、完善，综艺节目也由在演播室录制逐步发展到在多功能演播厅录制，甚至发展到专门为一档节目来打造演播厅，比如《中国好声音》节目模式中有对"转椅"元素的要求，则必须专门为该节目打造具有独特符号元素的演播厅。而一些大型季播竞演节目也有专门的演播厅搭建，以呈现独特的舞台演出效果，比如《乘风破浪的姐姐》《我是歌手》等。

目前，随着技术手段的迭代，基于虚拟影像、多屏互动等技术手段形成的演播厅已经打破传统演播室对于录制空间的限制，将现实和虚拟场景进行融合，由此创作出新的场景形态。早在2016年广东电视台的《我是直播歌手》，就成功将现实和虚拟相结合，形成了与观众的实时交互。随着人工智能、虚拟现实等技术的发展，许多综艺节目也运用这些智能技术搭建虚拟演播室，比如江苏卫视动漫形象舞台竞演节目《2060》，搭建了科幻虚拟场景演播厅，全季演出舞台分布于不同主题的虚拟场景之中，集科技感与艺术性于一体，最终舞台也是以全虚拟演唱会形式进行，带给观众"未来感"的视听感受。

（二）真人秀类

真人秀在综艺节目中是一个比较宽泛的概念，泛指按照一定的节目规则，参加者以真实身份参与并全程录制播出的电视游戏或者其他真实元素的节目。真人秀又被称为"真实电视"节目（reality show/TV reality），于20世纪90年代后期在欧美国家开始兴起。2000年8月，美国著名真人秀节目《生存者》在中央电视台《地球故事》中播出，开启了中国电视真人秀的序幕，其所包含的游戏元素、真实元素、互动元素等很快赢得中国观众喜爱。在中国电视综艺娱乐发展浪潮中，真人秀节目类型也在不断增多，其主要类型如下。

1. 竞技挑战类真人秀

与早期引入到中国的西方真人秀相似，中国早期真人秀节目也多是以野外生存类节目为主，有广东电视台《生存大挑战》、贵州电视台《峡谷生存营》等，这些真人秀基本是对西方生存挑战类真人秀的模仿。而后，中国真人秀进行本土化改造，削减其生存挑战的残酷性，更强调其游戏娱乐化要素，创作出《奔跑吧兄弟》《极限挑战》等节目，同时，以其真实、互动等特点吸引大量观众的参与。

2. 才艺选秀类真人秀

中国这类真人秀节目早期也是受欧美选秀类节目的影响，以"海选""造星"为其主要特征。随着本世纪初湖南卫视《超级女声》的火爆，才艺选秀类节目在各台都有推出，如中央电视台的《梦想中国》《星光大道》，东方卫视的《我型我秀》《加油！好男儿》，江苏卫视的《绝对唱响》等。网络综艺类节目中才艺选秀类真人秀节目也层出不穷，这类节目在青少年受众群体中影响较大，逐渐成为一个特有的类别，即"偶像生成类"真人秀，如《创造101》《偶像练习生》等。

3. 情感类真人秀

情感类真人秀节目主要涉及恋爱、婚姻等生活情感问题，这类真人秀节目最初是以相亲类节目形式出现，江苏卫视以"情感中国"为宗旨推出《非诚勿扰》，其他卫视紧随其后，代表节目有湖南卫视的《我们约会吧＋》，浙江卫视《爱情连连看》《为爱向前冲》等。大量同质化节目的出现，使得相亲婚恋类节目一度引领中国电视娱乐节目潮流，后来一度泛滥，并呈现出"泛娱乐化"现象，因此，2011年国家广播电影电视总局下发"限娱令"进行规范管理。随后，情感类真人秀节目向情感治愈方向发展，如《再见爱人》《心动的信号》等，深度探讨现代家庭生活中两性关系存在的问题，成为该类节目的主要看点。

4. 职场挑战类真人秀

这类节目早期也是以欧美真人秀节目为模仿对象，中央电视台推出

《赢在中国》《绝对挑战》等，广东卫视推出《天生我才》等，后因收视不佳而退出荧屏。2011年，一些电视台在"限娱令"背景下为争取更多机会，又陆续推出职场挑战类真人秀，如天津卫视《非你莫属》、江苏卫视《职来职往》，这类节目的主要特点是参加竞聘的选手通过层层选拔，最终可以真实地赢得工作机会，节目中所呈现的真实竞聘环节给受众带来有益的参考。

（三）益智游戏类

益智游戏类节目的基本模式是"知识＋财富"，因其具有较强的博彩性、刺激性、竞争性等特点，在欧美国家和我国港台地区较为风靡，如曾经风靡全世界的英国节目《谁想成为百万富翁》，我国港台地区就有《百万富翁》《超级大富翁》等。我国内地电视台引进或模仿这种节目形态，对其进行本土化改造，弱化其功利性，强调其公益性和知识性。比如中央电视台的《幸运52》节目，将游戏与知识普及融为一体，充分调动观众的参与热情，获得了较高的收视效果。

另外，益智游戏类节目在国外一般设置高额奖金，获胜者会获得高额现金，一夜暴富。而在中国，奖项一般为家庭梦想和公益行动，凸显这类节目的励志性和公益性，即以"知识换取梦想"，比如中央电视台《开心辞典》、东方卫视的《今天谁会赢》、江苏卫视的《一站到底》等。这类节目由于成本相对容易控制，并且寓教于乐的特点突出，在我国受到广泛的欢迎。

（四）生活服务类

生活服务类综艺节目是指旨在满足观众日常生活需求、提供实用信息、传授生活技能、陶冶大众情操的视听综艺节目。这类节目通常具有实用性，同时也兼具娱乐性、互动参与性。节目内容紧密围绕观众的日常生活需求，如烹饪、保健、美容、家居装修、购物指南等，提供实用的生活信息和技能，同时通过综艺化的表现形式，如真人秀、游戏、竞赛等，增加节目的趣味性和观赏性，使观众在轻松愉快的氛围中获取生活知识。有些节目还会设置观众互动环节，如在线问答、观众投票等，增强节目的参与感和互动性，比如中央电视台《交换空间》，会以观众投票方式选出最佳装修改造。

我国早期生活服务类节目《为您服务》，形式比较单一，内容也比较严肃，属于社教服务类节目。为了让这类节目有更广泛的受众和更好的传播效果，现在生活服务类节目多增加综艺娱乐元素，使节目更具可视性。比如中央电视台《交换空间》、东方卫视《顶级厨师》《梦想改造家》、湖南卫视《嗨！我的新家》等节目，将家庭装修、烹饪等生活技能与游戏竞技等结合，与日常生活密切关联，又能满足观众的梦想，受到观众青睐。

（五）交叉融合类

当前许多综艺节目元素并不是单一的，而是多种元素的交叉融合，形成交叉融合类综艺节目类型。交叉融合类综艺节目在形式上往往具有创新性，它们可能采用真人秀、竞赛、游戏等多种表现形式，将不同元素巧妙地融合在一起。这种创新性的节目形式不仅增加了节目的观赏性和趣味性，还使得节目更容易在激烈的市场竞争中脱颖而出。比如《城市厨房》就是一档大型美食综艺挑战真人秀，《王牌对王牌》融合了真人秀、游戏、表演等多种综艺元素。这种交叉融合类综艺不仅通过多种元素的融合形成模式创新，同时还可以吸引不同需求的受众群体，更大范围地拓展节目的受众面。

第二节　欧美综艺类节目模式

综艺节目模式是指综艺节目中创意、技术规定、工艺流程、组织风格、规则等诸多元素之间的结合，再加入综艺节目脚本、栏目名称、布景、舞台设计等元素，从而构成了一种全新的综艺形式。有研究者甚至把综艺节目模式定义为综艺节目的"骨架"，从而生动地界定了综艺节目模式在综艺节目架构中的地位与实际含义。欧洲和美国是世界综艺节目模式市场上最大的生产地区和出口地区。以《好声音》《才艺秀》《X因素》和《与明星共舞》为代表的经典模式产生了持久的影响，几十年来，这些"综N代"仍然主导着英国和美国等欧美国家的收视率排行榜。

中国电视综艺节目起步较晚，开创之初多是向欧美国家模仿和学习综艺节目模式，尤其是真人秀类节目模式。欧美国家真人秀类节目模式十分成熟，目前，通过欧美无线电视网、有线电视网播放的真人秀节目超过100种，其中包括《生存者》《英国偶像》等成功节目模式。这些节目模式除了在本土成功之外，也被成功复制到世界各地，形成强有力的文化输出。在当前全球化传播背景下，欧美国家成功的节目模式经验值得中国综艺节目策划者学习。

一、欧美综艺类节目主要类型

欧美地区对于综艺节目模式的创作体系十分完善，这样的创作体系源于欧美电视市场的专业化，即节目制作和播出的有序分工。欧美地区的综艺节目有很多类别，但其在世界范围内流行度最高、代表性最强的综艺节目类型还是当属真人秀类节目。真人秀类节目涵盖的范围非常广，欧美国家综艺类节目绝大多数都属于真人秀节目。按照本章前述分类，真人秀类节目又可以分为多种形态类别。欧美国家真人秀类节目类型主要有如下三种。

（一）表演选秀类

表演选秀类节目是真人秀节目中最为常见的一种，其比赛规则由选秀节目策划者来制定，参与者多为具有表演能力且自愿参加的普通人，这群人通过节目组设定的规则进行相应的才艺表演，由专家、观众或特殊群体（如媒体代表团）对参与者进行选拔或淘汰，然后角逐出最终胜利的"明星"。

世界上第一个表演选秀类电视真人秀节目是2001年在英国播出的音乐节目《流行偶像》（POP IDOL），该节目旨在为有音乐才能的普通人提供一个舞台去表现自我，并通过镜头来展示选秀过程。后来，这档节目的美国版《美国偶像》在美国也获得收视热潮。随着欧美表演选秀类真人秀节目在世界风靡并掀起浪潮，2004年湖南卫视对《流行偶像》节目模式进行模仿和改造，形成国内第一档平民歌唱类选秀节目《超级女声》，这档节目在中国一时掀起收视热潮，这也是中国观众第一次真正意义上感受到选秀类真人秀节目的巨大影响力。

（二）生活体验类

生活体验类真人秀分为室内体验真人秀与户外体验真人秀。生活体验真人秀通常在一个封闭的室内环境中或户外日常生活中进行，主要围绕参与者的互动和体验展开，参与者需要在生活环境中进行生存挑战、社交实验、创意竞技、健身活动或才艺展示等。这些活动旨在通过参与者的真实反应来吸引观众的关注与参与，展现参与者的个性、能力、智慧和团队精神，同时也引发观众对人际关系、社交心理、生活方式、健康与健身等方面的思考与讨论。

生活体验类真人秀通常具有纪实性和戏剧性。节目中采用全天候、无间断的摄像记录，确保捕捉到参与者的真实反应和日常生活细节。这类节目也常以观众投票、留言互动等方式来增强观众的参与感。一些室内体验类真人秀还融合了教育元素，如传授生活技能、健康知识等，使得节目在娱乐的同时具有一定的教育意义。

荷兰恩德蒙公司推出的《老大哥》是欧美室内体验类节目的典型代表，该节目为室内体验真人秀节目的开山之作，通过竞技、游戏、窥私等元素的设置，吸引了大量的观众。《30天》是美国户外体验类节目的代表，参与者将在迥异于平日状态的完全陌生环境中生活30天，开始反差极大的陌生生活。节目以此来观察他们心理和情感上的变化，从而展示了美国人较为真实的生活状态。该节目曾经获得美国最佳真人秀节目奖。

（三）野外生存类

野外生存类真人秀节目即是通过参与者在野外接受一系列生存技能的

挑战，考察参与者生存能力的竞技类娱乐节目。这类节目通常选择在生存环境严酷的自然环境中录制，如雨林、沙漠、冰原、荒岛等，这些地方往往没有保护措施，录制过程中随时可能出现突发状况，增加了节目的真实性和挑战性。而这些自然环境往往具有奇特的自然景观，也给观众带来新奇的审美感受，增强节目的吸引力。

节目中参与者会接受多样化的挑战任务，需要具备寻找水源、获取食物、建立庇护所、导航定位等生存技能，这些挑战不仅考验他们的体能，还考验他们的智慧和创造力。在极端环境中，参与者往往需要面对孤独、恐惧、压力等心理挑战，这些挑战对他们的心理素质提出了极高的要求。节目中的参与者需要面临真实的生存挑战，这种真实的求生体验让观众感受到生命的脆弱和珍贵，引发了观众对生命意义、人与自然关系的深刻思考。同时，通过参与者在极端环境中的心理变化，观众可以窥见人性的多面性。美国著名真人秀节目《幸存者》就是这类节目的代表，节目参与者被限制在特定环境中依靠有限的工具生存，并参与竞赛，获胜者将赢得100万美元的奖金，该节目在美国收获了大批忠实的观众。

二、欧美综艺类节目代表性模式

（一）表演选秀类节目：《美国偶像》

1.节目概况

该节目开播于2002年6月，由美国福克斯广播公司制作播出。《美国偶像》是美国电视真人秀中人气最旺的一档节目，节目通过全民总动员，层层选拔，从全美选出最有人气的平民歌手，最后胜出的就是"美国偶像"，并获得与唱片公司签约的资格。《美国偶像》旨在给草根一个自由展示才艺和个性的舞台，节目真实地还原了草根选手的原生态表现，呈现出一个生活中的平常人如何成为超级偶像的蜕蛹成蝶过程。节目自开播以来，一直位居美国尼尔森收视排行榜前列，并多次获得艾美奖。

2.节目模式特点

（1）节目版块设置：制造悬念。《美国偶像》整个赛制有海选、预赛、复赛、复活赛、决赛等环环相扣的选拔环节，整个赛季有20周，漫长的赛季充满跌宕起伏的悬念。第一阶段的海选具备广泛的观众参与性，也是对节目绝好的宣传推广机会。随后的赛制层层推进，悬念也层层累积，观众对选手的感情投入也越来越深。直到节目的决赛环节，这种悬念才得到最后的释放。这种设置遵循了故事化叙事模式，即故事的发生、发展、高潮到结局，顺应了观众好奇、紧张、刺激等心理需求内在规律，增强了节目的吸引力。大多数表演选秀类节目也都遵循这一叙事策略，这也是此类节目吸引受众注意的重要方式之一。

（2）节目娱乐价值：个性的张扬。《美国偶像》为了制造看点，往往会给嘉宾评委以及节目选手等节目参与者设置鲜明的角色特征。

首先是具有个性的评委阵容。《美国偶像》的嘉宾评委阵容有三位，一位是以"犀利毒舌"著称的西蒙，一位是"好好先生"兰迪，一位是"话题女王"阿布多，三位评委各司其职，妙语连珠，他们的个性特征彼此呼应，构成节目的重要看点。其次，节目中会出现一些具有个性的选手，这些个性选手有的是个性张扬，有的是语出惊人，他们与评委相互映衬，使得节目充满戏剧性和趣味性效果。另外，在海选中，一些选手为制造吸引力，也会有一些怪异表现，迎合观众的"审丑"心理，来制造节目的看点，增强节目的娱乐效果。但同时，这也使得节目中充满着一些令人大跌眼镜的表演，饱受观众的诟病。

《美国偶像》的成功使得毒舌评委、标新立异的选手等成为该类节目模式的标配元素，其目的是制造冲突、彰显人物个性、增强节目效果。在我国相类似的选秀节目中也能看到这些元素，如从选秀类节目中脱颖而出的杨超越、丁太升等人就是个性塑造的成功案例。

（3）全民参与性：声势浩荡的投票运动。为了进一步提升观众的参与度，点燃观众对节目的热情，《美国偶像》设置观众投票的环节，即让观众投票参与到节目中的每个环节，赋予观众一定的决定权以影响节目走向和选手的命运。每期节目结束后，观众通常有两个小时的限时投票时间，公众投票系统中电话投票是免费的，保证了普通观众在节目中拥有充分的话语权。这种环节的设置能让观众以极高的热情参与到节目中来，提升节目的热度，并能借助舆论造势，进一步推动节目收视的提升。该节目有些选手的投票数甚至一度超过了美国总统选举的投票数，产生了轰动效应。

（4）偶像制造：成熟的市场化运作。《美国偶像》的成功也是综艺节目市场化运作的成功范例。参加节目总决赛的选手都会与节目组委托的经纪公司签约，经纪公司对这些选手进行全方位的包装和推广，帮助他们在演艺圈得到更好的发展。美国乐坛许多著名歌手都是从该节目中脱颖而出并得到长足发展的。

除此之外，该节目还形成产业链来获取更多市场收益，如开办演唱会、发行唱片、出售转播版权、拍摄影视剧等。在节目播出期间，节目组还对粉丝群体进行运作，拓展偶像所延伸的周边产业，如周边系列产品等，形成表演选秀类节目的长尾效应。

《美国偶像》可谓是开创了草根选秀类真人秀的成功典范，并形成了一个重要的节目模式。该节目模式的版权被许多国家购买，并成为各国最受欢迎的电视综艺节目之一。中国的《超级女声》算是该类节目模式在中国获得成功的典范，随后，《快乐男声》《加油！好男儿》等同类选秀节目纷纷跟进。至今，选秀类节目在中国仍受到年轻观众的喜爱。

（二）野外生存类节目：《幸存者》

1. 节目概况

《幸存者》节目开播时间为2000年5月，由美国哥伦比亚广播公司电视网制作播出。该节目从自愿报名的选手中选出16名选手，将他们带到荒郊野外恶劣的生存环境中。这些选手被分成两个或多个部落，进行生存游戏竞赛，每轮竞赛之后，就会淘汰掉一名选手，最后的"幸存者"将获得百万美元大奖。《幸存者》节目自播出以来，热度不减，并吸引了不同年龄层次的观众，带动了整个电视网收视份额的提升。

2. 节目模式特点

（1）独特的竞赛环境与真实记录。《幸存者》将参赛者限定在一个与世隔绝的特定自然环境下，通常是荒无人烟的小岛，参赛者需要依靠有限的工具维持生存。这种环境设定极大地增强了节目的戏剧冲突性和观赏性。参赛者将经受生存挑战，需要面对严酷的自然环境，以及砍柴、生火、搭房、造筏等生存技能挑战，甚至要吃昆虫、老鼠等极端食物以补充营养。这些挑战不仅考验了参赛者的生存能力，也为观众带来了紧张刺激的观看体验。节目真实记录了参与者在这种环境中的行为反应，从而满足观众的猎奇心理。同时，节目中未经现代工业文明沾染的原始风光也满足了人们强烈的好奇心和怀旧想象，让观众身临其境，体验惊险刺激的野外生活。

（2）残酷的竞赛规则与奖金诱惑。节目会设置残酷的竞赛规则，参赛者被分成人数相等的两个或多个部落，互相合作也相互竞争，豁免赛和奖励赛的设置让整个赛程充满悬念和戏剧性。部落的划分增加了选手之间的对立和冲突，使得节目更具看点。节目设置巨额奖金，是吸引选手参加和观众收看的双重"法宝"，巨额奖金成为一个释放金钱欲望的出口，激发了选手们参与竞争的激情，更刺激着电视机前观众们的观看热情，人性道德与金钱博弈便由此彰显。

（3）深刻的心理考验与人性探讨。选手首先要面对自然环境未知的威胁和考验，忍受真正的痛苦和折磨，人与自然的搏击使选手的心理承受力得到极大考验。在节目竞赛环节中，团队合作和个人能力都被推到极致，参赛者需要在团队中发挥自身优势，同时还要面对团队内部的竞争和淘汰。这种设置利用了人性中的团结与背叛、信任与猜疑。随着比赛的推进，参赛者之间的友谊、信任和背叛等情感波动成为节目的重要看点。这些情感的真实展现让观众在紧张刺激的比赛之余，也深刻感受到人性的光辉与阴暗。

（4）广泛的参与互动与视听享受。《幸存者》选择的选手十分广泛，选手一般是男女各半，来自不同种族、不同地区。这些选手的职业、个性以及受教育程度都存在很大差别，节目设置有意放大这些差异，以制造节目冲突。与此同时，节目选手来自美国社会的各个阶层，也能调动社会各阶层观众对节目的关注，使得节目具有广泛的参与性。该节目还在拍摄地域上做足文章，精心选择节目的拍摄地点，以给观众带来新奇的异域感受。该节目的中国篇选择在中国长城拍摄，节目中反复出现具有中国特色的文化符号，比如长城、熊猫、汉字书法等，背景音乐则选用具有中国特色的二胡、古筝等中国民乐，这些鲜明的中国文化符号带给观众印象深刻的东方文化审美感受。

《幸存者》节目被世界许多国家和地区的广播电视机构引进，成为美国对外销售版权最多的电视节目，并在世界各地也取得了较高的收视率。中国对这类节目从最初的引进，到本土化改造，削弱其人性的纷争，凸显其娱乐性、游戏性，也取得了较好的收视效果。

第三节　中国综艺类节目的发展

一、中国综艺类节目的发展历程

中国综艺类节目的发展历程与社会变迁、技术进步及文化需求紧密相连。自20世纪80年代至今，其演变可划分为以下五个阶段，每个阶段均体现出鲜明的时代特征与创新突破。

（一）第一阶段：萌芽期（1983年—20世纪90年代初）

改革开放后，电视机在中国逐渐普及，但电视荧屏上节目形式单一，主要以新闻和传统文艺节目为主。为打破这种局面，中国电视人也开始了电视综艺节目形态的探索。

1990年，中央电视台《综艺大观》开播，以"明星＋表演"为主要模式，以歌舞、小品为主要节目内容，融合曲艺、戏曲、杂技、魔术等多种艺术表演形态，这也是我国综艺节目最早的形态。而后，央视《曲苑杂坛》《正大综艺》节目开播。《曲苑杂坛》以相声、小品、魔术、杂技、评书等曲艺表演为主；《正大综艺》节目以益智综艺形态向观众介绍世界各地的风光、习俗、名胜、趣事，开启"世界真奇妙"的国际视野。这段时期的综艺节目内容主要以寓教于乐为导向，强调其社会教化功能。

这一时期的电视综艺节目基本上都是演播室综艺，采取的多是提前录播制作手段，加上后期剪辑技术也较为有限，节目形态较为单一，也缺乏观众的互动参与性。

(二)第二阶段：成长期(20世纪90年代中期—2005年)

随着中国改革开放的进一步深化和市场经济的发展，大众娱乐需求激增，港台及海外节目模式也不断引入，中国电视综艺节目向娱乐化转型，也开始强调明星参与和观众互动。

这一时期的代表性节目有湖南卫视的《快乐大本营》(1997年)和《超级女声》(2004年)。《快乐大本营》首创"明星＋游戏"模式，以"常青树"身份屹立在诸多综艺节目中。《超级女声》为中国首个全民选秀节目，该节目以短信投票机制，推动了"观众决定结果"的互动模式在全国综艺节目的兴起，并引发了社会现象级的民众参与，总决赛投票量超过800万条。

这一时期电视直播技术也开始广泛应用，电视综艺节目中应用电话连线技术，增强了与观众的即时互动性。电视综艺从"单向输出"转向"观众参与"，商业化运作也初现雏形。

(三)第三阶段：成熟期(2005—2013年)

这段时期，随着中国经济的迅猛发展，文化消费呈现多元化趋势，国际节目模式大量引进，中国电视节目制作的版权意识开始加强，工业化制作流程开始确立，真人秀节目在中国兴起。

中国电视综艺节目在激烈竞争的背景下，许多电视台购买国外成功的节目模式版权，以节省节目研发投入、规避市场风险。较为成功的版权引进案例是浙江卫视购买荷兰节目 The Voice 版权，并将其改编为《中国好声音》，开启了综艺节目模式的工业化制作流程。《中国好声音》的成功也让中国电视人意识到节目模式版权的重要意义。

这一时期中国电视真人秀节目数量呈爆发性增长，真人秀节目将"纪实性与戏剧性"结合，聚焦明星生活、婚恋、亲子等议题，获得了观众的青睐。代表性节目主要有江苏卫视相亲真人秀节目《非诚勿扰》（2010年）和湖南卫视亲子户外真人秀《爸爸去哪儿》（2013年）。《非诚勿扰》所透射出的年轻人的婚恋观，也引发社会对婚恋价值观的广泛讨论；《爸爸去哪儿》引进韩国节目模式的版权，开创了国内亲子户外真人秀先河。

这一时期节目制作开始采用高清摄像、多机位剪辑技术，节目质感得到极大提升。在版权意识的推动下，综艺节目开始进入资本驱动时代，广告与IP衍生开发成为核心盈利模式。与此同时，国家广播电影电视总局2011年颁布"限娱令"，限制视听综艺节目泛娱乐化问题，促使综艺节目向文化、公益方向转型。

（四）第四阶段：爆发期（2014—2019年）

随着移动互联网普及，网络视频平台开始崛起，腾讯、爱奇艺、优酷等网络视频平台也开始制作网络综艺节目，与电视媒体争夺内容赛道。这一时期综艺节目制作更加重视节目市场，尤其是网络综艺更加注重圈层化内容生产，开始在垂直领域深耕。

这一时期的代表性节目有爱奇艺的《奇葩说》（2014年），节目以"辩论＋青年文化"的脱口秀形式，讨论关于青年问题的敏感话题，话题突破传统电视节目尺度，语言风格更加开放自由，该节目单季播放量超10亿。腾讯视频的《创造101》（2018年）为一档偶像养成类网络综艺，该节目继《超级女声》之后再一次推动粉丝经济的爆发。另外，选秀类节目也开始差异化竞争，注重深耕垂直领域，如街舞类选秀《这！就是街舞》、说唱类选秀《中国有嘻哈》等。网络综艺爆发式增长，与电视综艺分庭抗礼，Z世代成为视听综艺的主流受众。

新媒体技术除了运用在摄制环节以提高节目质量外，也开始运用于前期策划环节，大数据算法被运用于选题策划，优酷"鱼脑"系统为综艺节目捕捉、筛选热点话题，并为节目在播出时的优化调整提供参考。对于网络综艺的爆发增长，国家广播电视总局出台一系列政策进行管理完善，如2021年"偶像养成类节目限令"出台，对这类节目的过度商业化运作进行了治理遏制，以促进网络综艺良性发展。

（五）第五阶段：转型与创新期（2020年至今）

随着党的二十大的召开，在文化强国的政策指引下，国家在推动文化领域创新发展的同时，也进一步强化了对文化娱乐领域的内容监管。与此同时，数字智能技术飞速发展，5G、人工智能、虚拟现实、元宇宙等技术运用重塑视听节目的内容形态。

这一时期视听综艺节目的主要特征是中华文化类综艺节目崛起，综艺与主旋律相融合推动了许多高质量的中华文化类综艺节目诞生，如《典籍里的中国》，这些节目一方面弘扬中华文化精神内涵，一方面注重节目的艺术审美品质，起到了引领中华文化类综艺节目创新实践的重要作用。另外，在激烈的市场竞争中，综艺节目更加注重内容品质及其社会导向，如《乘风破浪的姐姐》（2020年），聚焦"30＋"女性成长，重塑社会对大龄女性的认知；《一年一度喜剧大赛》（2021年），让喜剧走进普通人的生活，挖掘新喜剧形式，使素描喜剧形式出圈。在网络综艺爆发式增长的背景下，国家广播电视总局于2022年出台相关规定，要求视听节目生产要"去流量化"，鼓励原创和正能量。与此同时，综艺节目制作开始尝试应用人工智能和虚拟现实等新技术，如虚拟现实（VR）技术应用于《元音大冒险》，用户可化身虚拟角色参与游戏。

在技术赋能与政策推动下，视听综艺从"流量至上"转向"内容为王"，技术与文化价值成为视听节目创新发展的双引擎。

二、中国视听综艺节目模式创新特征

中国视听综艺节目的创新发展始终处于政策引导与市场驱动的双重框架下，形成"守正创新"的核心特征。

（一）政策调控与市场机制的动态平衡

在传统综艺向网络综艺转型发展的背景下，国家广播电视总局通过"清朗行动""限娱令"等一系列政策治理，推动视听综艺节目从泛娱乐化向价值引领转型。比如《乘风破浪的姐姐》第三季的叙事重构，节目从早期强调竞技冲突，转向探讨女性职业成长与社会角色，通过律师、运动员等多元职业背景选手的叙事，实现主流价值观的柔性植入。数据显示，该季节目社会议题相关话题微博阅读量达58亿次，印证了政策调控下内容创新的传播效能。

在政策引导下，综艺节目探索"主旋律表达＋大众化传播"的新路径，形成了主题宣传的综艺形态突破。比如中央电视台《国家宝藏》节目通过"文物活化＋戏剧演绎＋专家解码"的三维模式，将考古知识转化为沉浸式文化体验。其衍生节目《文博日历》在短视频平台日均播放量超2000万次，展现"硬知识软传播"的成功实践。

在政策划定的创作边界内，综艺节目制作方通过垂直细分实现差异化竞争，探索市场机制下的细分突围。有的节目深耕圈层文化，如B站《说唱新世代》聚焦Z世代价值观，构建"基地生存＋议题创作"的亚文化社区；有的注重情感场景重构，如腾讯视频《五十公里桃花坞》以"代际共居实验"破解社交孤独症候群；有的利用技术驱动创新，如爱奇艺《元音大冒险》通过虚拟现实技术开辟音乐综艺新赛道。

（二）技术赋能与媒介融合的深度耦合

数字智能技术创新重构了综艺节目生产链，推动内容形态、制作流程与传播生态的全面融合革新。人工智能技术已渗透至策划、制作与传播的全流程。虚拟制作技术在综艺节目中形成规模化应用。

XR（扩展现实）、虚拟引擎等技术突破物理空间限制，显著提升创作自由度。比如东方卫视《虚拟唱跳Z世代》采用LED虚拟拍摄技术，制作成本较传统绿幕降低40％，实现实时渲染与多场景切换；河南卫视《清明奇妙游》通过CG技术复原《千里江山图》动态长卷，弹幕互动量超300万条。AI技术在《我是未来》《机智过人》等科技综艺中展现强大赋能，自然语言处理技术实现跨语种实时对话，计算机视觉算法完成舞蹈动作捕捉与评级。以《2060》《跨次元新星》为代表的虚拟综艺，标志着XR技术驱动的制作范式转型。通过Unreal Engine实时渲染系统，节目构建了虚实交融的平行时空，节目中虚拟歌手与真人主持的即时互动，模糊了物理现实的边界，数字孪生技术的应用不仅提升了视觉奇观，更创造了新型交互可能。据统计，此类节目播出期间社交媒体话题度提升400％，形成"观看－创作－传播"的链式反应。

智能技术运用于节目策划编剧与节目推送系统，如芒果TV《大侦探》运用AI分析用户行为数据，优化案件推理逻辑；优酷依托算法推荐机制"鱼脑"系统，实现内容与用户的精准匹配。不过，人工智能协同创作引发的"信息茧房"效应也需引起关注与警惕。

凭借新技术赋能，传播生态得到融合革新，跨屏传播生态得以重构，台网联动与受众参与形成协同效应。在湖南卫视与芒果TV双平台战略下，会员重合度达67％，《声生不息·宝岛季》台网联播收视份额突破5％；《乘风破浪的姐姐》开创的"正片＋加更＋直播"矩阵，构建了跨媒介叙事生态，通过"大屏观看＋小屏互动"的模式，观众可实时参与服装选择、公演排序等环节，使受众从被动接收者转变为内容共创者。数据显示，该模式使芒果TV用户日均使用时长从75分钟增至210分钟，形成强大的流量聚合效应。《脱口秀大会》通过开放二创版权，激发用户生成超10万条衍生内容，形成"正片＋短视频＋直播"的传播矩阵。

（三）文化表达与价值传播的范式升级

视听综艺节目正从娱乐消费载体转向文化意义生产平台，呈现"年轻化表达、在地化转译、国际化传播"的三重特征。

综艺节目注重现实议题的综艺化表达，综艺节目成为观察社会变迁、引领社会价值的平台。《忘不了餐厅》通过认知障碍老人参与餐饮服务，构建了公益综艺新范式。节目采用"观察纪实＋任务挑战"模式，将阿尔茨海默症科普融入日常互动，催生"认知症友好社会"的公众讨论，使娱乐节目成为社会议题的对话平台。后续调研显示，节目播出后相关疾病就诊率提升17％，彰显媒介的社会动员能力。《令人心动的offer》在法律职场观察中植入职业伦理探讨，创造"成长叙事＋价值输出"的双重结构，通过实习生处理网络暴力案件等剧情设计，潜移默化传递法治精神，在娱乐表象下重构职业认知框架。节目衍生出的"offer学"现象，带动法律专业报考人数同比增长 34％。《再见爱人》以面临婚姻危机的夫妻旅行为观察对象，探讨当代婚姻观念转型，带动心理咨询预约量增长 320％。

中国综艺节目在模式创新中呈现出强烈的文化自觉意识，通过对传统文化元素的解构与重构，形成了独特的本土化叙事范式。以《国家宝藏》《典籍里的中国》为代表的文化类综艺节目，突破了传统文博类节目单向说教的窠臼，构建起"文物叙事＋戏剧演绎＋科技赋能"的三维框架。例如《国家宝藏》运用"前世传奇＋今生故事"的双线叙事，将器物史转化为人物史，使沉睡的文物成为民族记忆的活化载体；节目制作者通过符号转译策略，将《千里江山图》转化为沉浸式舞蹈剧场，将甲骨文解码为互动游戏，实现了文化记忆的当代转码。

国际传播层面，中国综艺正从模式引进向自主创新输出升级。《这！就是街舞》国际版通过本土化改编登陆东南亚市场，播放量超 1 亿次；腾讯视频《创造营 2021》集结多国选手构建"人类命运共同体"叙事框架，突破了萨义德"东方主义"的刻板框架，这种转型反映了中国视听产业全球化叙事能力的提升。

（四）产业生态与商业模式的迭代创新

视听综艺节目产业生态正经历从"广告依赖"向"生态化运营"的深刻转型。广告营销呈现智能化升级，腾讯视频"内容＋广告"智能匹配系统，使广告转化率提升 35％；《向往的生活》等节目通过助农直播构建"节目拍摄－产品直销－产业振兴"链条，单季助农销售额就超 5000 万元，展现了内容商业化的社会价值溢出效应。

视听综艺节目用户付费模式的深化，推动视听产业价值链重构。比如视频平台通过付费观看、超前点播等方式，让用户掌握观看自主权的同时，也提升了观看收入。湖南卫视《你好，星期六》中虚拟主持人"小漾"通过直播带货实现年商业价值 1.2 亿元，数字时代视听综艺虚拟形象通过符号消费重构了受众与现实的关系。

视听综艺节目 IP 产业链延伸呈现纵向深化与横向拓展的双重路径。《明星大侦探》节目开发剧本杀门店与手游，年收益达 3.8 亿元；《这！就是街舞》联名运动品牌实现产品溢价率超200％。这种产业创新通过节目IP价值的多维开发激活了细分市场潜力。

总之，中国视听综艺正从规模扩张向质量提升转型，视听综艺节目创新需建立"内容创新-技术应用-产业运营"的协同机制，构建兼具中国特色与国际竞争力的现代视听综艺节目生产体系。这不仅有助于中国视听综艺节目产业发展，也是中国文化软实力建设的重要维度，为全球视听产业创新贡献东方智慧。

第四节　真人秀节目创意策划

一、真人秀节目模式要素

所谓真人秀节目，是指普通人以真实身份参加，在规定情境中按照制定好的游戏规则展现真实自我个性的表演过程，并被记录、制作和播出的节目。自20世纪90年代后期在西方国家发展成熟以来，真人秀节目具备了多种成熟形态。在当下视听综艺节目多种形态融合的背景下，综艺节目基本上都具有真人秀节目元素。

真人秀节目发展到今天，已经具备多种多样的形态，但不管怎样变化，它们都具有相对稳定的视听节目元素，从节目制作的整体构成考虑，可将这些节目元素大致分为：人，包括媒介人物和非媒介人物；物，包括节目中所展现的各种物件，如道具、服装、头饰等视觉元素；事实，包括事件、剧情、故事、游戏等；场景，包括拍摄的地点、展示的空间。怎样运用这些元素来提高真人秀节目的观赏性呢？我们可以从参与者、游戏规则和场景这三大要素来看。

（一）参与者

参与者是真人秀节目的主体，在节目模式固定的基础上，可以通过置换参与者的角色来形成多样化的节目形态。一般来说，参与者既可以是普通人，也可以是明星，但明星是脱离了其"明星"角色回归到自然状态的普通人。作为观众欲望投射的对象，参与者身上寄托了观众的情感期待，在这个过程中与其他参与者的冲突、与自我内心的冲突、与游戏规则的冲突都将成为观众感兴趣的内容。因此，节目应当充分挖掘参与者的价值，具体可以从以下四个方面入手。

首先，细化、强化参与者的代表性和个人特色，这样不仅有助于吸引不同的收视群体，也有助于提高观众的忠诚度。其次，重点打造话题明星，只有深刻的人物才能使故事更精彩。再次，要充分挖掘参与者的典型性，节目虽然是要表现他们在节目规则下的自然状态，但作为娱乐节目，必然具有一定的表演性。参与者的典型性可以强化节目的戏剧性，而这种表现又是由真实的人物来诠释的，这就使得观众更容易感同身受，被强烈地吸引。最后，要注意主持人的角色定位与引导功能。对于真人秀节目来说，主持人也是参与者，同时也要有推动节目发展的引导作用。

（二）游戏规则

在设置真人秀节目规则时要尽量借助冲突、悬念等元素来架构整个节目，这些元素可以来自人与人之间的冲突，也可以来自人与环境之间的冲突，由此产生的戏剧化效果可以更好推动节目的发展。不同性质的真人秀节目由不同规则来决定参与者的优胜。但无论游戏规则怎样变，都离不开两个核心元素的设置。

首先是谁来决定胜败。在传统真人秀节目中，参与者的胜败都掌握在自己手中或者评委手中。但现在网络综艺节目中，决定选手去留的权利被分给了选手、观众、评委等多方主体。这样不仅增强了节目参与者与观众之间的关联度，还保证了观众眼里比赛的公正性。

其次是如何决定胜败。真人秀节目可以设置开放性或封闭性选择方式。开放性的选择方式能体现出参与者在竞争中的本能反应，能够展现参与者的自然表现。而封闭性的选择方式则能形成节目的基本框架和风格，促进节目的开展。

（三）故事场景

所有叙事都需要空间和时间，对于视听节目制作来说，场景无外乎室内场景和室外场景。场景的选择是为了让节目的规则设定具有更好的发挥空间，促成参与者在节目中更本色地发挥，为观众营造更高程度上的期待感。一般来说，参与者在越封闭的场景内行动，就越受游戏规则的限制，竞争也显得越激烈，节目的节奏也更紧张。

真人秀节目场景需要具备两大要素。一是真实性或者拟真性的空间场景，即真实自然环境，或是对现实生活的模拟场景。成功的真人秀节目都十分强调场景的自然性和真实性。二是要能保证给参与者提供情感抒发和真实自我表现的空间和条件，最大化发挥节目场景的功能。

总之，具有代表性和表现力的参与者、设计合理的游戏规则、真实却充满戏剧性的场景，是真人秀节目的核心元素。通过对这些元素的排列组合，结合有效的叙事策略和传播策略，便能够形成丰富多样的真人秀节目形态。

二、真人秀节目的策划原则

（一）社会洞察与价值引领：真人秀的底层逻辑构建

真人秀节目的生命力根植于对社会现实的深刻洞察与价值引领。策划者需以社会学视角捕捉社会情绪，将抽象的社会议题转化为具象的节目内容。如《令人心动的offer》通过律所实习场景构建职场文化的"微缩景观"，精准呈现"00后职场观""学历内卷"等社会痛点。节目播出期间，"职场焦虑"相关话题微博阅读量超20亿次，印证了社会议题与受众共鸣的高度关联性。在此过程中，真人秀节目实现了社会议题的镜像化呈现。如《再见爱人》节目聚焦都市中产婚姻困境；《五十公里桃花坞》的代际共居实验，构建具有冲突性的代际场域。

在政策导向与市场需求的双重约束下，真人秀需实现价值观的"柔性植入"。以《乘风破浪的姐姐》为例，节目通过"30＋女性职业转型"的叙事主线，将女性独立精神融入舞台竞演。选手的个人故事（如单亲妈妈转型创业者）成为价值观传递的载体，既避免了说教感，又引发观众的情感共鸣。真人秀节目一般通过开放式文本设计（如选手采访的留白式提问），允许观众进行多元化意义解读，既满足主流价值观传播需求，又保留娱乐观赏性。价值观的植入可细化为三个层次：通过场景符号植入，如《国家宝藏》通过文物陈列空间的历史沉浸感传递文化自信；通过人物关系植入，如《忘不了餐厅》借阿尔茨海默症老人与顾客的互动展现人文关怀；通过规则机制植入，如《极限挑战宝藏行》通过公益带货任务引导正向行为选择。

（二）模式创新与规则设计：节目形态的差异化突围

成功的真人秀模式需具备"核心机制＋变量元素"的弹性结构。以《奔跑吧兄弟》为例，其核心机制始终围绕团队竞技与城市文化探索展开，而变量元素则通过时空穿越、角色扮演等主题实现季播迭代。这种模块化组合策略既保证品牌辨识度，又避免观众审美疲劳。策划者可运用"SCQA模型"（情境－冲突－问题－答案）进行模式重构，例如《戏剧新生活》将"剧场生存挑战"与"乌镇文旅场景"结合，通过"戏剧创作－售票演出－收益分配"的闭环设计，构建出独特的艺术生态观察模式。

规则设计是激发戏剧张力的关键。《密室大逃脱》通过"恐怖指数"分级系统适配承受阈值不同的受众，既保留沉浸体验又避免过度刺激；《向往的生活》以"玉米兑换物资"的规则重构乡村生活逻辑，在看似平淡的日常中暗藏叙事动力。此类设计体现了心流理论的实践价值——通过任务难度与观众注意力的动态平衡，维持观众观看过程中的投入感与愉悦感。如节目初期设置低难度任务建立观众代入感，中期引入竞争性环节提升冲突强度，后期通过情感升华实现价值闭环。

（三）人物塑造与关系建构：真实性与戏剧性的平衡

真人秀素人嘉宾的筛选需遵循个性评估原则，选择出具有个性或典型性的嘉宾，比如可借助三维度评估体系：社会身份代表性（如《心动的信号》嘉宾需覆盖金融、艺术、科技等多元职业）、性格冲突可能性（可借助 MBTI 人格测试预判互动关系）、成长弧光潜力值（通过过往经历分析设计叙事线）。《令人心动的 offer·医学生季》通过"学霸 VS 普通生"的人设对比，自然生成竞争、合作与逆袭的复合叙事，展现出了典型性选角的策略价值。

明星嘉宾的角色重构则需打破固有标签。比如《哈哈农夫》让都市偶像王源化身乡村青年，通过身份反差制造新鲜感；《花儿与少年·露营季》弱化冲突叙事，转而强调团队协作，重塑旅行类真人秀的叙事范式。真人秀节目往往通过"前台表演"（任务挑战）与"后台真实"（宿舍夜谈）的交替呈现，既满足观众对戏剧性的期待，又保留真实感。比如在竞技环节突出明星的专业表现，在生活场景中捕捉其自然状态，形成张弛有度的节奏。

（四）技术赋能与场景创新:沉浸式场景的数字化实现

多时空叙事联动成为场景创新的突破口。在许多文化类、文旅类节目中，历史遗址、现代都市与自然景观的交替出现，不仅丰富视觉层次，更构建出文化传承的隐喻空间。《明星大侦探》节目通过实景搭建与虚拟空间跳转实现"空间折叠"，《闪亮的夏天》节目以 72 小时极限创作挑战完成"时间压缩"，通过场景组合创造新的意义生产场域。

虚拟制作技术正在重塑真人秀的视觉语言。东方卫视《打卡吧！吃货团》通过 XR 技术重建宋代汴京街景，使历史场景与现代美食文化产生时空对话。此类技术的应用需遵循"ROI 平衡原则"——单期虚拟制作成本控制在总预算 15%～20%，确保艺术效果与经济效益的统一。生物数据可视化则开创了新的叙事维度，《超脑少年团》通过实时显示选手脑电波与心率数据，将抽象的心理活动转化为可视化的竞技元素。

（五）产业延伸与内容管控:跨媒体生态的运营法则

社交短视频时代的传播需构建矩阵化内容体系。如《脱口秀大会》将正片切割为"高光时刻""未播花絮""争议片段"三类衍生内容，适配不同平台的传播特性：抖音侧重15秒强冲突片段快速引流，B站则通过30分钟reaction视频满足深度解析需求。这种策略激活了参与式生产，观众从内容消费者转变为内容生产者，节目播出期间用户生成超10万条二创内容，形成几何级数的传播效应。

节目模式IP产业链开发需建立价值评估模型。价值纵向延伸侧重线下体验转化，如《明星大侦探》剧本杀门店复刻节目场景，实现内容价值的空间转移；价值横向跨界需通过品牌联名拓展商业边界，如《这！就是街舞》与运动品牌合作开发街舞装备，将文化影响力转化为产品溢价力。评估模型需综合考量用户黏性、商业变现力、文化影响力三大维度，避免盲目开发导致的资源损耗。

内容合规管理需构建双重保障机制。版权审查方面，建立音乐、字体、影像素材的三重授权核查流程；风险预判方面，依托AI舆情监测系统扫描敏感关键词，比如腾讯视频的"三审三校＋AI检测"模式将内容事故率降低至0.3%。这些实践表明，内容管控不是创新的束缚，而是行业健康发展的护栏。

总之，成功的真人秀节目策划需实现社会价值、艺术表达与商业逻辑的有机统一。在价值层面，节目应成为时代精神的记录者与阐释者；在创作层面，需在真实记录与艺术生产之间找到动态平衡；在产业层面，要构建"内容－传播－消费"的完整生态链。在智能新技术迭代发展趋势下，策划者须以文化自觉引领创新，在政策框架内探索视听表达的更多可能性，为行业高质量发展注入持续动力。

三、中国真人秀类节目融合创新模式案例

（一）《这！就是街舞》：网络综艺"国风＋青年亚文化"真人秀

1. 节目概况

《这！就是街舞》是2018年优酷推出的街舞选拔类真人秀。2018年《这！就是街舞》第一季诞生，成为当年高分综艺。该节目每一季从圈层

内的交流分享，到大众化的推广普及，再到全球性的文化平台，一次次创新突破，形成中国综艺海外输出模式，再将街舞艺术本土化，使中国街舞成为世界街舞文化的一道强音。节目通过"明星导师＋专业舞者真人秀"的模式，采取个人选拔、团队作战的表演方式，在四位队长的带领下组成四支战队，进行团队间的群舞Battle，最终产生总冠军。《这！就是街舞》在海选阶段跳脱传统选秀节目的"上台表演"习惯，独辟蹊径，让选手直接在大街上开始展示，让街舞从舞台上回归街头，展现街舞真实的一面。该节目自开播以来就获得了非常高的热度，目前节目模式已向海外输出。

2. 节目版块

2018年第一季《这！就是街舞》的赛制模板如表5-1所示。

表5-1 《这！就是街舞》第一季赛制模板

序号	内容	时间	形式
1	第一赛段：海选选手分为四个赛区，队长们分区进行选拔	90分钟	现场同期声
2	第二赛段：105进70，选手自由组合，小组挑战赛淘汰	120分钟	现场同期声
3	第三赛段：70进52，同舞种大淘沙	120分钟	现场同期声
4	第四赛段：战队分组	120分钟	现场同期声
5	第五赛段：战队预备赛，52进40	120分钟	现场同期声
6	第六赛段：战队对决	120分钟	现场同期声
7	第七赛段：半决赛，12进7	120分钟	现场同期声
8	第八赛段：总决赛	120分钟	现场同期声

3. 节目模式创新分析

（1）主题设置上，倡导"中国风＋青年亚文化"相融合的价值取向。街舞作为一种在世界范围内备受年轻人喜爱的舞蹈"语言"，有它深厚的文化背景，但当一种文化形态传播到另一个文化土壤之中，必然会形成全新的表达。这种表达是要符合本土特色的，符合当地青年人价值观的。节目所要关注的三个核心是：中国舞者的态度、中国舞者的创新以及他们不受任何干扰的自由表达。

在这一点上，《这！就是街舞》做出有益的尝试。除了将中国风融入舞美外，节目在舞蹈风格上也呈现出多样性，许多舞者找到了中国特色的新街舞风格。有选手把太极等中国武术融入其中，也有选手把藏族等少数民族舞蹈同街舞结合在一起，更有选手将熊猫、春节等有着强烈中国特色的文化元素巧妙地编入街舞之中。这种创新力，是以往节目所不及的。

难得的是，在《这！就是街舞》的舞台上，节目表演不光好看，更好听。该节目的舞曲近80%为原创作品，有不少舞者甚至大胆地选用相当有中国特色且是耳熟能详的歌曲进行舞曲改编，如《好汉歌》《最炫民族风》《潇洒走一回》等。《这！就是街舞》是以中国文化为背景，去思考街舞这种艺术形态在当地、当时的生命力和表现力。

（2）赛制形式上，采用"明星＋专业舞者"真人秀的比赛形式。作为中国首档街舞选拔类真人秀，该节目采用"明星＋专业舞者"的比赛形式，加上国际顶级编舞大师操刀，以颠覆传统舞蹈比赛的形式，决选出有自我、有态度的年轻舞者。

与以往传统舞蹈节目不同，该节目选用"明星队长＋专业舞者真人秀"的全新赛制，集齐了韩庚、黄子韬等队长，他们代表了不同年龄段，每一位都有着独特的风格，形成差异化的战队组合。赛制上，它以"大海选"吸纳优秀街舞舞者，设置"舞者近身斗舞""世界街舞大师及国内明星带队PK""国际编舞大师为参赛者定制个人街舞秀"等环节，让整个节目的细分环节丰富而生动，不套用陈旧模板。

此外，它更是颠覆了以往节目中导师和学员的关系，创新地采用了队长和队员的设置，让双方一同对街舞技巧进行深入的探讨和切磋，这样平等的视角更容易凸显团队的力量和竞技精神，也把聚焦点真正放在了舞者身上。

（3）舞美设计上，打造多场景沉浸感的舞美效果。《这！就是街舞》为扎根本土化积极与中国文化结合，在舞台设计和编舞要求上主动与中国元素融合。例如规则中要求选手以"金、木、水、火、土"中国传统五行文化元素与街舞进行融合，同时还将街舞与中国传统武术、中国水墨画，中国传统乐器进行交融，街舞与中国元素的结合让二者焕发出巨大的生命力。

同时，"中国风＋青年亚文化"的融合使得街舞平行宇宙的概念通过舞美进一步落地。第五季舞美设计实现了两个平行宇宙并存，一边代表"传统"，另一边代表"未来"，充满未来科技感，舞美全面升级为三维立体空间，让舞者可以更好地融入其中表演，也带给观众穿梭于不同平行世界的沉浸感受。舞美打造了当下年轻人非常熟悉的日常社交生活场景，如篮球广场、滑板公园、露营地、游戏机室、练歌房、烧烤屋等，年轻人在这些丰富多样的场景中，通过街舞来展示自我，进行交流，寻找同伴，这也是当下年轻人真实的社交状态。该节目把新生代、平行宇宙和沉浸式体验结合起来，充分体现了后互联网时代特征与青年群体文化发展趋势。

4. 节目推宣策略分析

节目播出前，通过微博、微信、抖音、优酷等各大平台，以图片、视频的形式对整个节目进行推广宣传。前期宣传视频、倒计时海报、宣传海报、H5等宣传物料加入了C4D的三维效果，明星队长的海报统一采用赛博朋克风格。

节目播出中，为了还原街头的真实感，节目组重金打造立体式场景，在街道场景广告牌上植入一些赞助商的名字，第四季的雪花啤酒作为赞助商以转瓶选择battle顺序的形式巧妙出现在节目当中。这些赞助产品都实现了与节目IP的价值互补，观众可以通过购买这些周边产品实现对节目的支持与情感寄托，同时达到二次宣传的效果。

节目播出后，目标受众定位于一群热爱街舞的年轻人所构成的小众文化圈层，意在打开街舞潮文化的大门，线上节目与线下行业联袂发展。2019年，全国各地区的街舞线下培训数量实现了178％的增长。2020年12月，Breaking正式成为奥运会比赛项目。街舞文化收获了越来越多的认可，而越来越多街舞舞者的工作和生活也因此有了质的提升。

（二）《守护解放西》：网生新派"行业纪实+观察"真人秀

1. 节目概况

《守护解放西》为一档警务纪实观察类真人秀，于2019年9月在哔哩哔哩播出。该节目通过观察记录式的拍摄手法，以湖南省长沙市坡子街派出所民警为核心人物，深度展示大都市核心商圈城市警察的日常工作，通过民警巡逻、多警种联动、疑犯审讯、要案参与等事件，展现警情复杂地带的法、理、情、事，展现有担当、有理性、有人情的人民警察形象，并通过各类案件故事普及相关安全和法律常识。该节目第一季获得"TV地标"（2019）中国电视媒体年度优秀网络视听节目。第二季入选国家广播电视总局公布的"2020年第四季度优秀网络视听作品推选活动优秀作品目录"。

2. 节目版块

2019年9月《守护解放西》第一季10集列表见表5-2。

表5-2　《守护解放西》第一季10集列表

序号	内容	时间	形式
第1集	守护不打烊	约40分钟	纪实＋真人秀
第2集	星城奇事多	约40分钟	纪实＋真人秀
第3集	失控与自控	约40分钟	纪实＋真人秀
第4集	守望绚烂	约40分钟	纪实＋真人秀
第5集	雷霆扫毒	约40分钟	纪实＋真人秀
第6集	铁汉也柔情	约40分钟	纪实＋真人秀
第7集	玫瑰需带刺	约40分钟	纪实＋真人秀
第8集	青春别迷茫	约40分钟	纪实＋真人秀
第9集	全力追缉	约40分钟	纪实＋真人秀
第10集	我们的选择	约40分钟	纪实＋真人秀

3. 节目模式创新分析

（1）跨界融合："行业纪实＋观察"真人秀，推进行业片向商业化转型。《守护解放西》作为网生新派警务纪实节目的成功代表，顺应媒体融合的趋势和受众观看需求，革新了传播语态。该节目创造性地采用了"纪实片＋观察真人秀"的拍摄方式和制作手法，这种新型的跨界融合方式，规避了素材的无效堆叠和剧本带来的"失真"与"悬浮"。节目借鉴直接电影"墙壁上的苍蝇"手法，即"冷静客观地观察周围世界，静待事件的自然发生"。在第一季拍摄时，主创团队已组建40余人的摄制团队入驻派出所，24小时轮流跟警拍摄，并在全所安装35路固定机位监控、手持摄像、无人机和警用执法记录仪等机动拍摄，共计拍摄出警776趟次，采集视频素材总时长达33700多个小时，最大程度实现客观真实的纪录。在制作手法上，将提取到的真实素材与综艺、微动漫等元素进行艺术化加工，用娱乐化形式包装现实内核。曾经主旋律严肃而不破圈的局限被打破，现象级的传播效果带来商业化转型的可能。

（2）去"秀"存"真"："人格化＋立体化"，塑造本真鲜活的人物形象。《守护解放西》能够成为网生新派警务纪实节目的成功代表之一，其重要原因是节目以纪实视角近距离、多方位地展现了坡子街民警们本真、鲜活、有血有肉、有温度的形象，为中国警察媒介形象的还原与重塑提供了可供借鉴的范式。

相较于传统警察媒介形象，《守护解放西》在以下几个方面实现了跨越式的重塑：首先是实现了警察媒介形象由"脸谱化"到"人格化"的跨越，每个民警都有自身不同的性格特征和独特的人格魅力，并在观众心中形成了IP效应；其次是由"片面化"到"立体化"的跨越，"警察"不再是随时随地正襟危坐的形象，在工作中，他们是刚柔并济的执法者与普法者；对于"解放西"区域而言，他们是可靠的守护者，可亲的倾诉者；在个人的生活中，他们也是可爱的普通人。不同于传统公安纪实节目宣传警察极高的专业能力和时刻严肃的形象，《守护解放西》从日常警务切入，在展示警察纪律性和威严性的同时，也在拍摄过程中捕捉民警的个性特征，将更接地气、更有人情味的人民警察形象展现给广大观众。

值得一提的是，《守护解放西》在节目内容的选择上也颇具特色。节目核心内容不追求惊心动魄的警匪对峙和情节曲折的案件侦缉，而是聚焦于走心温情的纠纷调解和家长里短的平凡出警。在不设剧本的拍摄中，观众们会看到坡子街派出所民警最真实的生活，这些没有超能力的"超级英雄"在细小而伟大的日常中用真诚和温暖守护着解放西人民。节目以"以小见大"的方式构筑起中国民警的缩影，打破了传统荧幕中关于警察的刻板印象，有效进行认知纠偏，促进新型和谐的警民关系，获得了年轻观众的情感认同和价值认同。

（3）寓教于乐："诙谐＋普法"，在轻松娱乐氛围中普及知识。作为一档警务类纪实真人秀，它的初衷便是让观众从每一个案件中习得知识，知法懂法。《守护解放西》中加入了当代年轻人更喜爱的综艺元素，用花字、弹幕、特效等冲淡了警务片的严肃与紧张，用轻松欢乐的综艺包装，寓教于乐的内核表达，使得法律观念深入人心，让观众在严肃的案情中感受到人情的温暖和幽默，同时更能体会警察工作的烦琐和艰辛。在后期制作时，总共有三个类型的花字：结果型花字、科普型花字、情绪型花字。这三类花字分别是起到补充或说明案件结果、普及法律知识，以及增强趣味性的作用。

知名 B 站 UP 主、法学教授罗翔也加盟了《守护解放西》第三季，他从法律的专业角度对真实案件进行分析点评，将法律知识渗透进真人秀节目中，观众在观看节目的过程中能学到法律知识，懂得敬畏法律。

4. 节目推宣策略分析

（1）线上线下互动，提升 IP 知名度。《守护解放西》积极和微博大 V、小红书、B 站 KOL（关键意见领袖）进行合作和深度联动。KOL 的加盟使优质内容得以聚合曝光，在短时间内帮助综艺真人秀 IP 获取大量知名度，KOL 粉丝和观众在节目下互动评论，为节目有效实现了观众和粉丝的导流。如 B 站百大 UP 主"老番茄"和"中国 BOY"作为特邀嘉宾参与节目拍摄，进行特警一日体验，并与特警共同参与密室逃脱，为大家示范遭遇电信诈骗如何报警。另外，二次创作也推动了该节目的IP出圈，在B站检索"守护解放西"，节目IP下二次创作的视频最高收获了165.8万的播放量。在B站的推动下，网友们通过解构、戏仿、拼贴、演绎等方式进行二创，推动了IP知名度的提高。

自2019年起，每年年底该节目都与长沙市公安局组织警民联动"守护解放西"线下活动，进一步扩大该节目IP的影响力。

（2）获得官媒点赞，提升IP美誉度。节目热播的同时，光明日报、央视新闻、学习强国等各大媒体和平台也一齐对节目进行报道并重点推荐，官方肯定提升了节目IP美誉度。其中，光明网评论："《守护解放西》通过更为年轻态的制作理念、手法和情怀，让观众对警察职业有了新的理解，并产生共鸣。"《光明日报》评论："《守护解放西》让基层人民警察形象更丰满，让警民关系更和谐，让相关法律常识得到普及和推广，这对构建富有活力和效率的新型基层社会治理体系无疑是一种有益尝试。"央视网评论："《守护解放西》是一档接地气、冒热气、真实反映社会现实生活、客观展示当代中国人精神思想状态、弘扬社会正能量的网络视听节目。"

（3）推动IP衍生创作，拓展IP影响力。哔哩哔哩推出了《守护解放西》IP直播节目《探班长沙解放西，打卡网红坡子街派出所》；同时，推出了同款IP漫画《大话解放西》，同款漫画是以《守护解放西》节目中的真实警察为原型，讲述了他们真实而又令人感动的一个个有趣小故事。另外，网易云音乐《长沙夜话》栏目也推出《繁华背后，谁来守护?》话题内容。《守护解放西》已成为警务纪实节目中有影响力的品牌。

（三）《奇妙之城》:城市纪实探索类真人秀

1. 节目概况

《奇妙之城》是一档城市纪实探索节目，第一季于2021年1月每周二20：00在优酷视频播出。节目打破传统纪录片定义的边界，让纪实与综艺的元素相融合，主打"洋葱体"定位，以生活于城市中的手艺人、美食家和艺术家为切入点，让六位艺人各自奔赴六座不同的城市，开启深度城市纪实探索之旅。拍摄通过明星和素人双视角，一层层剥开城市的神秘面纱，探寻城市的奇妙之处以及发生在城市里的有趣故事，呈现具有城市内在精神的人物故事，向观众展现出更加立体全面而又与大众传统认知不一样的城市面貌。

2. 节目版块

2023年第二季第六期《奇妙之城·成都篇》全片60分钟分析（见表5-3）。

表5-3　《奇妙之城》节目版块分析

序号	内容	时间	形式
1	片头＋提要短片	1分50秒	字幕＋快剪画面
2	明星张杰与表姐探寻街头美食、旧居，谈小时候的记忆	6分钟	纪实片段
3	成都市民焕焕的日常起居生活，谈对成都生活的感受	2分钟	纪实片段
4	成都市民餐厅老板温先生去博物馆做志愿者的一天，表现对成都文化的认同与热爱	3分钟	纪实片段
5	明星张杰观赏川剧，体验川剧表演	6分钟	纪实片段
6	市民焕焕的日常工作，对成都文化的认同	3分30秒	纪实片段
7	明星张杰在家中和父母做饭聚餐，谈和家人的过往生活	6分钟	纪实片段
8	市民温先生周末带儿子逛街游玩	1分30秒	纪实片段
9	明星张杰骑行老城区，感受城市的美食以及变化	5分钟	纪实片段
10	市民焕焕将大熊猫元素融入自己的创意作品	3分30秒	纪实片段
11	明星张杰在街头碟店，谈成都生活对自己成长的影响	4分钟	纪实片段
12	市民温先生周末和朋友探险、撸串	2分30秒	纪实片段
13	明星张杰在成都天台音乐酒吧，谈成都音乐创作氛围	8分20秒	纪实片段＋歌曲

序号	内容	时间	形式
14	片尾：总结本期城市成都	4分25秒	画面＋画外音

3. 节目模式创新分析

（1）开创了"纪实＋综艺"的节目模式。《奇妙之城》创造性地采用"纪实＋综艺"的创作手法，在坚持纪录片真实性内核的基础上，引入综艺元素，将大众喜闻乐见的综艺与小众纪录片相结合，通过娱乐化的表达手段寻求纪录片内容深度和大众娱乐之间的平衡，成功探索出城市纪录片和综艺节目发展的创作新模式。节目以大量的篇幅去刻画每个城市中普通人的生活，以城市中不同人的不同生活状态去展现这个城市的人文魅力和城市的精神内核。同时，在展现每个城市的人文色彩时，节目都会聚焦每个城市的传统文化和传统乐器。

（2）采用了"洋葱体"的叙事结构。节目通过镜头的运用、情感的层层叠加，让观众像剥洋葱一样一层层揭开城市的面纱。从人的故事中深入了解城市，城市的形象在观众心中变得更加立体和完整。通过不同人物独特的生命体验、生动有趣的状态，呈现当下城市生活的剖面，因而有一种不规则的美感。同时，这种"洋葱体"叙事结构，点多而形不散，契合了互联网用户碎片化的观看习惯。节目摒弃了宏大叙事，选择日常生活中常见的情景进行拍摄，并将更多镜头聚焦于年轻人的面孔，以此引发年轻群体的共情，激发广泛传播效应。《奇妙之城》的解说具有较强的网感，契合当下年轻群体的表达习惯。

（3）采用了"明星＋素人"的叙事视角。《奇妙之城》选择以"一位明星＋两位素人"人物模式进行双重叙事，试图在节目的表达上实现一种光环和底色间的均衡。在节目中，明星的角色是"下沉"的，而素人则是"上扬"的。顶着"归乡人""探索者"身份的明星讲述自己和这座城市的日常，无限拉近着观众、角色和城市的心理距离。如重庆篇里的肖战会全程说着重庆话，拿着手机到处拍，他赶早去吃一碗火辣的板凳面，还能在军哥书屋里自然地和老乡调侃自己"大众脸"。画面一转，镜头又对准了年轻的相声演员圆圆，来自四川的圆圆是重庆本土曲艺剧团原声社的元老，演出地点在解放碑，咖啡厅当化妆间，消防通道是对词室，摆个桌子就是舞台，跟随镜头，观众又欣赏了一出重庆本土相声。节目通过素人的故事营造出一个与观众情感共振的磁场。这种双向平行叙事，更能激发观众的情感共鸣。《奇妙之城》创造了神奇的"粉丝迁移"链路，即将偶像明星当作"招牌"，吸引年轻人进入纪录片"圈层"，再讲述接地气的城市故事。

（4）人物形象与城市形象的有机融合。《奇妙之城》运用了大量的共识性符号来激活观众对城市文化基因的认同。节目还挖掘到了城市独特性的符号，向观众呈现出了更加立体全面而又区别于大众传统认知、极具辨识度的城市文化形象。节目中每一期的主角各具代表性，他们是平凡而独特、鲜活而立体的个体，他们与家乡有着紧密而特殊的联系，不仅成长于此、生活于此，他们的身上也透露着这个城市的精神。在他们的每个行为轨迹中都折射着城市的不同侧面，展现着当地的人、风景、生活、文化等方面的气质与个性。城市孕育着人的性格，人又再次造就了城市的特质，两者相辅相成、不可分割。

4. 节目推宣策略分析

（1）借助平台优势，优质IP联动助力。优酷经过多年的打磨，生产了一系列亿级播放量的优秀纪实作品。借助优酷平台的播出优势，大量优质IP相互联动助力，实现"1+1＞2"的传播效果。如许魏洲参与的《奇妙之城》和《风起霓裳》同时在播，双方都是致力传播中华传统文化和地方文化的优质作品。《风起霓裳》是陕西省"三年重点文艺创作行动计划"的重大项目，是展现唐风国韵，体现文化包容的家国大剧。而《奇妙之城》则是城市纪实探索节目，借助许魏洲的视角，观众也能发现茫茫西北充满精彩。以此为契机，优酷为两大IP打造了联名海报并在微博上同两大官微联合宣推，破圈联动实现了内容共振扩圈的效果。

（2）"明星＋素人"双向叙事，引发网友共鸣。《奇妙之城》一方面采取了"纪录片＋综艺"的形式，另一方面开启了"艺人与素人"双向平行叙事，在叙事意图上跳出了注重宣传说教的桎梏，艺人将"卸下人设"，去展示他们真实接地气、不同于聚光灯下的一面，将不同城市文化中人们的生活观、伦理观融入生活场景之中。该片通过轻松的剪辑节奏和"接地气"的解说词，让镜头对准城市普通人的生活，开展一场与观众的平等"对话"，少有宣传和说教意味。《奇妙之城》里的明星不是歌手，也不是演员，他们就是最普通的返乡人和旅行者，回到家乡真情流露、自在舒适。这样的他们，传递着对家乡的热爱和文化自信，更能引起观众共鸣。从相聚在贵阳老城烧烤摊的知己好友、克拉玛依珍贵的亲子时光、鼓浪屿上痴迷乐器的家庭音乐会、西安吃面扒馍唠家常的街坊邻居们的身上，观众得以看到城市中人们的真实生活，感受色彩各异的城市魅力。这些生活化的语言和场景容易让观众放下心理防御机制，将自身代入叙事者意图构建的话语体系和城市景观中，从而进行自我映射，寻找文化认同，从而实现纪录片的意识形态与思想启迪的有机结合。

视听文化类节目策划

视听文化类节目是以文化、文字等为内容，通过表演、访谈等方式传递情感价值的节目。我国文化类节目形式多样，有以访谈形式为主的，比如《朗读者》；有以创演形式为主的，比如《诗画中国》；还有以益智竞技形式为主的，比如《中国诗词大会》等，这些不同形式的文化类节目也常被归属于其主要表现形式的节目类型。随着近年来中华文化类节目的崛起，文化类节目常被作为一个专属类别，特指以呈现中华文化为主的视听节目类型。本章将主要探讨中华文化类视听节目的创意策划。

第一节　视听文化类节目的界定与分类

一、视听文化类节目的界定

要理解文化类节目，首先要理解"文化"的内涵。"文化"是人类社会特有的现象，文化是"人文化成"一语的缩写，广义上指人类在长期的生活和实践中所创造的物质成果和精神成果的总和，是一种被广泛认同的，能够通过人类交流实现传播的意识形态。文化的历史说到底也是人类的发展史。狭义的文化，是指包括传统习俗、生活方式、价值观念等精神层面的成果。总之，文化不仅包括世界观、人生观和价值观等带有意识形态属性的内容，也涵盖了自然科学、技术、语言、文字等非意识形态属性的元素。

一般来说，由于"电视"本身即为文化的一种，所以一切电视节目都可被归入文化类节目的范畴。传统电视时期，文化类节目主要是指"以文化教育为目的，以电视为媒介，以传播知识为目的，挖掘传统文化、传承历史文明、关注社会进步的，有丰富内涵和艺术品位的节目"。

当下视听文化类节目特指为以视听语言来呈现中华优秀传统文化的节目。这些节目则专指以汉字、成语、诗词、戏曲、文物等中华优秀传统文化为内容，兼具教育性与娱乐性，融合人文性与参与性，集思想性与艺术性于一体，旨在传承和发扬传统文化，教育和启发现代人的文化节目形式。本章所指的视听文化类节目也即是指这一类，例如《中国汉字听写大会》《中国成语大会》《汉字英雄》《朗读者》《经典咏流传》《国家宝藏》《典籍里的中国》等这类内容涉及中华优秀传统文化，并有文化影响力的节目。

二、视听文化类节目的分类

由于文化本身的覆盖面广，中华文化的博大精深，使得中华文化类节目选题十分广泛，节目类别也多种多样，文化类节目难以形成统一的分类标准。这里，我们从节目的内容以及表现形式，将视听文化类节目主要分为文化讲解类、文化竞技类、中华文化综艺类三大类。

（一）文化讲解类

文化讲解类节目以文化知识为载体，汇集各类专家、教授在节目中讲述某一段历史、某一个人物、某一个故事等，在普及文化知识的同时，结合专业所长和生活感悟给观众输出高质量观点或评价，启发观众深入思考和学习。

这种类型的文化节目最初是以讲坛类电视节目出现，基本是将线下讲坛形态直接搬上荧屏，在传统电视时期极受欢迎。节目主讲人通常选择一些知识丰富而风趣幽默的教授担当，内容一般为人文历史等传统文化，并配有多媒体影视资料作为辅助，让受众在观看的时候如同听课一般全身心投入。2001年，央视播出的《百家讲坛》便是文化讲解类节目的代表之一。该节目邀请了对中国文化、古典书籍造诣深厚的专家学者，用更符合时代的话语和接地气的方式讲述古典书籍里的故事，一改往日严肃古板的讲述风格，拉近与观众的距离，提升大众对我国古典文化、历史知识的兴趣，观众好评如潮。各大卫视也争相制作这些类型节目，此后同类节目有北京卫视的《中华文明大讲堂》、中央电视台的《文化中国》等。

（二）文化竞技类

文化竞技类节目是通过各种各样文化知识竞赛的方式，让观众在观看激烈比赛的过程中也能学习到丰富的文化知识。

文化竞技类节目是从20世纪90年代开始兴起的，节目通常以比赛的形式进行，考察参加节目选手的知识水平，知识性强。文化竞技类电视节目的内容主要选定在汉字文化类，以语言文化知识水平来定输赢。而后这种类型的节目逐渐增多，代表性节目有《中国诗词大会》《中国汉字听写大会》《中国成语大会》《汉字英雄》《最强大脑》等。这类节目比起单纯文化讲解类节目更富有趣味性、刺激性，因此也更受观众青睐，各种样式的文化竞技类节目层出不穷，一度挑起了文化类节目的收视大梁。

（三）中华文化综艺类

中华文化综艺类节目以传播和弘扬中华文化为宗旨，节目类型多样，涵盖了诗词、成语、汉字、文物、历史、民俗等多个方面。这些节目通常集知识性、趣味性、观赏性于一体，通过舞蹈、音乐、戏曲、诗词朗诵、故事讲述等多种艺术表现形式，将中华文化以栏目化的形式呈现给观众。

2016年以来，在国家政策引导与推动下，出现了《朗读者》《国家宝藏》等"现象级"文化类综艺节目。近年来，中华文化综艺类节目在形式上不断创新，以适应观众日益多样化的需求。一些节目将文化元素与现代科技相结合，利用AR、VR、全息投影等新技术，打造沉浸式观看体验，让文化真正"活"起来，如河南卫视的《唐宫夜宴》等。这些节目不仅让观众在欣赏节目的同时了解中华文化的博大精深，还激发了观众对中华文化的热爱和认同。这些节目也推动了中华文化的国际化传播，提升了中华文化的国际影响力。

三、中华文化类节目的社会功能

在全球化与数字化的双重语境下，中华文化类视听节目已超越传统节目的娱乐属性，演变为具有复合社会功能的文化传播载体。其通过符号转译、技术赋能与叙事重构，实现了中华传统文化基因的现代激活，并在社会整合、价值认同与国际传播层面展现出独特作用。

（一）重构文化记忆：从历史传承到文化认同的塑造

文化记忆理论奠基者扬·阿斯曼指出："文化记忆通过符号系统与仪式实践，将过去转化为群体认同的基石。"中华文化类视听节目正通过视听语言的创造性转化，重构传统文化记忆的存储与传播机制，使沉睡的文化基因在现代社会重新焕发生命力。

以《国家宝藏》《如果国宝会说话》为代表的中华文化类节目，开创了"文物叙事"新范式，实现了物质文化遗产的活态传承。《国家宝藏》通过"前世传奇＋今生故事"的双线结构，将曾侯乙编钟、越王勾践剑等器物从博物馆展柜中解放，转化为承载历史记忆的叙事主体。如第一季中，通过现代音乐家与古代乐官的跨时空对话，复原两千年前编钟的乐律体系，并创作出融合古乐基因的当代交响乐。这种"器物活化"策略不仅使文物参观量提升45%（故宫博物院2023年数据），更让年轻观众理解"礼乐文明"并非抽象概念，而是可感知的文化实践。

面对非遗技艺传承危机，《指尖上的非遗》《非遗里的中国》等节目构建起数字化保护体系。泉州提线木偶戏在《非遗里的中国》中，借助动作捕捉技术将老艺人的操控手法转化为数据模型，通过3D打印制作可永久保存的数字孪生。这种"技术＋文化"的融合，使平均年龄68岁的非遗传承人群体与Z世代建立起对话通道，节目播出后相关非遗工坊学徒报名量增长320%，有效破解了"人亡技绝"的传承困境。

河南卫视"中国节日"系列通过《唐宫夜宴》《洛神水赋》等作品，在视觉奇观中植入文化基因。其成功密码在于对"文化原型"的精准捕捉：唐代侍女丰腴灵动的体态、敦煌飞天的流动线条、水墨山水的意境留白，这些深植民族审美基因的符号，通过4K航拍、水下摄影等技术转译，唤醒观众的历史记忆，触发观众潜意识中的文化认同。收视数据显示，该系列节目30岁以下观众占比达52%，证明传统文化记忆能突破代际隔阂，实现集体认同的再生产。

（二）凝聚文化共识：主流意识形态的柔性传播

在价值多元化的现代社会，文化类节目通过"意义包裹"策略，将主流价值观嵌入文化叙事，构建起"润物无声"的价值传导机制。这种传播范式既规避了生硬说教导致的受众抵触，又通过情感共鸣实现意识形态的"软着陆"。

中央电视台《典籍里的中国》采用"戏剧＋访谈＋实证"的复合形态，将典籍中的精神内涵转化为当代价值坐标。在《论语》特辑中，通过孔子与当代教育家的跨时空对话，将"有教无类"理念与教育公平议题相联结；《天工开物》单元则把明代工匠精神投射至现代制造业升级，弹幕中"这才是中国智造的灵魂"等评论，印证了传统价值观的现代生命力。

这种"古为今用"的叙事策略，使节目成为社会主义核心价值观的生动注脚。

传统文化节目通过隐喻性表达介入现实议题。《中国诗词大会》在竞技外壳下，暗含对"工具理性"的反思——外卖员雷海为的逆袭故事，重构了"诗与远方"和"眼前苟且"的辩证关系；《书画里的中国》通过《千里江山图》的色彩分析，引申出生态环境保护议题。这种将社会关切融入文化解说的方式，证明主流价值传播可与大众审美需求达成和解。

文化类节目通过与青年亚文化的融合，实现对青年文化的价值引导。《舞千年》用"国风＋亚文化"的混搭街舞解构《韩熙载夜宴图》，在青年群体中引发"传统文化原来这么酷"的热议；《我是特优声》让声优用方言演绎《三国演义》，使"忠义精神"通过二次元语言获得新阐释。这种"文化降压"策略，使节目在Z世代观众中实现43％的观看完成率，远超行业平均水平。

（三）跨文明对话：中国文化叙事的全球表达

中华文化类节目通过"文化接近性"策略与"元叙事"重构，突破"东方主义"凝视，构建起平等对话的跨文化传播体系。

《这！就是街舞》国际版在东南亚的成功，印证了"在地化"传播的有效性。节目保留中国街舞的太极、武术元素，同时引入当地传统舞蹈（如印尼皮影舞），形成"混血美学"。这种"文化叠合"策略使节目在越南、泰国收视率突破5％，证明传统文化符号可通过现代艺术形式跨越文化边界。

腾讯视频《敦煌灵境》元宇宙项目，通过数字孪生技术1∶1复原莫高窟壁画，全球用户可化身虚拟僧侣参与"丝路商队"互动。该项目上线Steam平台，首周海外用户占比达67％，其中30％完成敦煌文化知识测试，实现从文化展示到文化体验的范式转换。这种技术驱动的沉浸式传播，使"敦煌美学"成为全球数字原住民理解东方文明的新入口。

央视《航拍中国》国际版摒弃"文明优越论"视角，采用"人类文明对话"框架。在长城特辑中，通过对比罗马帝国边墙、哈德良长城等遗迹，阐释不同文明对"边界"的认知差异。这种去中心化的叙事方式，使节目在海外播出时获得"超越政治叙事的文明观察"的媒体评价，成功进入欧美主流传播渠道。

总之，中华文化类视听节目的社会功能，已从单一的文化传承进化为"记忆重构－价值整合－文明对话"的复合体系。在技术革新与全球化浪潮中，中华文化类视听节目既是传统文化的守护者，也是现代价值的阐释者，更是文明互鉴的推动者。

第二节　中国视听文化类节目的发展

一、中国视听文化类节目的发展历程

中国视听文化类节目经历了从无到有、从单一到多元、从传统到创新的发展历程。这一过程不仅反映了中国社会文化的变迁，也体现了媒体技术的不断进步和观众需求的深刻变化。

（一）初创探索阶段（20世纪60年代—80年代初）

中国视听文化类节目的起源可以追溯到20世纪60年代。1961年，北京电视台推出了《文化生活》等专题类节目，这标志着中国视听文化类节目的开端。该节目给观众介绍臧克家的词、郭兰英的演唱风格以及我国古代的十大画家等，有时也给观众推荐书目，组织文化知识类讲座。这一时期也出现了《生活知识》《国际知识》等以科普知识为主的文化教育类节目。这些节目形式较为简单，内容多以介绍文化艺术知识为主，旨在满足观众对文化生活的基本需求。然而，由于当时电视技术的局限以及社会环境的影响，这些节目在传播范围和影响力上都较为有限。

（二）初步发展阶段（20世纪80年代初—90年代末）

改革开放后，市场经济体制改革推动了电视行业市场化转型。20世纪80年代初至90年代，文化类节目开始呈现多样化趋势。1983年，中央电视台举办了第一届春节联欢晚会，虽然其主要以文艺表演为主，但也包含了丰富的文化元素，成为全国人民的"新民俗"。随着这一时期社会思想的大解放以及技术的进步、经济的发展，电视机进入大众日常生活，整个社会掀起一股"文化热潮"，综艺节目（如《正大综艺》）、专题纪录片（如《话说长江》）和戏曲节目（如《梨园春》）等逐渐兴起。这些节目通过通俗化表达吸引了更广泛的受众，同时注重挖掘中华传统文化的现代表达。此阶段的节目制作技术显著提升，线性编辑系统和非线性编辑技术的应用提高了制作效率，特效技术的加入丰富了节目的视觉呈现。

这一时期的节目不仅追求娱乐性，更强调文化传承与社会责任。《文艺广角》《文化视点》等综合性文化类节目相继涌现，涵盖了艺术、文学、历史等多个领域。这些节目不仅丰富了观众的文化生活，也提升了电视媒体的文化品位。此类节目在内容上注重知识性与趣味性结合，成为文化类节目的重要范式。与此同时，政策层面开始加强对文化类节目的扶持，如国家广播电影电视总局提出"弘扬主旋律"的要求，推动节目内容向深度化、精品化发展。

（三）市场化探索阶段（20世纪90年代末—21世纪初）

进入20世纪90年代末，随着市场竞争的加剧和观众需求的多样化，视听文化类节目开始进入市场化探索阶段。这一时期，节目形式更加丰富，涵盖了专题片、纪录片、访谈节目等多种类型，一批各具特色的文化类节目进入观众视野。中央电视台涌现出综合性栏目《东西南北中》《文艺广角》，学术讲座栏目《百家讲坛》，美术栏目《书坛画苑》，读书栏目《读书时间》等等，其中《读书时间》作为国内第一个读书节目，地方台也纷纷效仿开办相关读书节目，有效带动了当地电视台的文化和教育类节目的发展；2001年开播的《百家讲坛》通过学者讲座形式普及历史文化知识，开创了"学术大众化"的先河。同时，地方电视台也纷纷推出具有地方特色的文化节目，如上海电视台的《艺术人文》频道，致力于推广地方文化艺术。随着电视频道数量激增和民营资本进入制作领域，文化类节目进入市场化竞争阶段。真人秀选秀节目（如《超级女声》）的兴起标志着娱乐化浪潮的来临，但同时也挤压了传统文化类节目的生存空间。为应对挑战，文化类节目开始探索差异化路线，例如《中国诗词大会》前身的文化竞赛节目尝试将知识竞技与娱乐元素结合。

这一时期数字技术的普及推动了节目制作技术的革新。高清摄像、虚拟演播室和环绕声技术提升了节目质感，而互联网的初步应用则为节目传播开辟了新渠道。例如，2008年北京奥运会期间，多平台直播和互动投票技术的应用，展示了技术对文化传播的推动作用。

（四）网络化发展阶段（2013—2016年）

2013年以来，随着国家对传统文化的重视以及相关政策的支持，视听文化类节目迎来了繁荣发展的新阶段。2013年12月，国家新闻出版广电总局下发《关于积极开办原创文化节目弘扬和传承优秀传统文化的通知》，为文化类节目的发展提供了政策引导。在这一背景下，《中国汉字听写大会》《汉字英雄》等节目应运而生，开创了文化类节目的1.0时代。这些节目以汉字文化为主题，通过竞技答题的形式，激发了观众对传统文化的兴趣和参与热情。随后，《朗读者》《国家宝藏》等节目进一步创新节目形态，将文化内容与现代传播手段相结合，开创了文化类节目的2.0时代。这些节目不仅在内容上更加深入和丰富，还在形式上进行了大胆创新，如《国家宝藏》将文物与明星演绎相结合，使传统文化更具吸引力。

这一阶段，移动互联网的普及彻底改变了文化类节目的生态。网络视听平台的崛起，短视频、网络直播和网络综艺爆发式增长，使得文化传播从单向输出转向双向互动。传统文化节目的繁荣催生出一系列读书节目和国学节目，代表性节目有《子午书简》《汉字英雄》。据统计，仅2013、2014两年，这类节目就产出了20多档。此后，又有一大批形式丰富、制作精良的文化类节目打破固有形态，出现在大众视野当中，如中央电视台的《客从何处来》、北京卫视的《传承者》等。受真人秀热潮等影响，文化类节目有了一些创新，这一时期也是文化类节目的鼎盛时期。受资本和市场的驱使，繁盛的背后是逐渐显露的节目生存困境，同质化节目增多，观众迎来审美疲劳。

（五）创新升级及全球化发展阶段(2016年至今)

2016年末，国家新闻出版广电总局出台一系列扶持政策，鼓励文化类节目推优创新。文化类节目更加重视主流文化价值，创作重心回归文化本身，涌现出了一批现象级精品力作，如《经典咏流传》《见字如面》《故事里的中国》《典籍里的中国》等。文化类节目也在不断推陈出新，积极探索讲好中国故事的节目模式。

这一时期的节目制作更加精良，科技手段的运用更加广泛。《典籍里的中国》运用了多种前沿科技手段，如3D建模、AI等，对传统文化进行活化呈现。河南卫视的"中国节日"系列节目，如《唐宫夜宴》《只此青绿》等，通过虚拟技术与实景拍摄相结合，为观众带来了沉浸式的文化体验。这些节目不仅在视觉效果上令人震撼，更在文化内涵的挖掘和传播上达到了新的高度。同时，网络平台的兴起也为文化类节目提供了更广阔的传播空间，如爱奇艺、腾讯视频等平台推出了一系列优质的网络文化节目，进一步拓展了文化类节目的受众群体。

人工智能（AI）、增强现实（AR）、裸眼3D等技术的广泛应用，也推动文化类节目的全球化表达。2025年中国网络视听盛典以"和合之家"为主题，通过AI音乐秀、虚拟实景歌舞等技术，将传统文化元素与现代视觉艺术融合，覆盖46个创新节目类型。此类技术不仅提升了观赏体验，还通过多平台同步直播（如东方卫视、抖音、B站等）实现了全球化传播。当前阶段的文化类节目更加注重国际化表达，《唐宫夜宴》《洛神水赋》等节目通过社交媒体海外版（如TikTok）传播，引发全球关注。网络视听平台通过版权输出和联合制作（如与Netflix合作），推动中国文化符号的全球落地。

中国视听文化类节目始终围绕技术革新、政策引导与受众需求三者的动态平衡展开。从早期的尝试到如今的全球传播，其核心目标始终是通过视听媒介实现文化的传承与创新。随着数字智能新技术的应用，文化类节目或将进一步打破虚实边界，成为连接传统与现代、本土与全球的文化桥梁。这一历程不仅见证了中国媒介产业的崛起，更映射出中华文化在现代化进程中的生命力与包容性。

二、中国视听文化类节目创新发展总体特征

中国视听文化类节目在政策引导、技术革新与受众需求的多重驱动下，呈现出前所未有的创新活力。这类节目不仅承载着文化传播的核心使命，更在形式、内容、传播模式等方面形成独特的发展路径。其创新特征既体现了中华文化基因的传承与转化，也展现出媒介技术革命背景下的本土化实践智慧。以下从文化价值重构、技术美学融合、产业生态革新、社会功能深化四个维度，系统阐述中国视听文化类节目的创新发展总体特征。

（一）文化价值的创新转化

在全球化与本土化的张力中，中国视听文化类节目逐渐摆脱对西方模式的简单模仿，形成了以传统文化为根基、现代精神为内核的价值重构体系。这种创新并非简单的符号堆砌，而是通过深层叙事逻辑的再造，实现了文化基因的现代化表达。

以《国家宝藏》《典籍里的中国》为代表的节目，突破了传统文物展示的静态模式，构建起"让文物说话"的立体叙事场域。通过戏剧化演绎、跨时空对话等手法，将青铜器的铸造技艺转化为工匠精神的时代寓言，将古籍中的文字符号升华为文明传承的精神密码。这种转化过程蕴含着对"天人合一""家国同构"等传统哲学命题的现代化阐释，使古老文化焕发新的生命力。

在价值创新层面，《中国诗词大会》《经典咏流传》等节目开创了"知识竞技＋情感共鸣"的双重传播模式。通过素人选手的真实故事与诗词意境的深度联结，节目将个体命运与集体记忆交织，使传统文化不再是博物馆中的展品，而是转化为可感知的精神力量。这种创新既满足了大众对文化认同的心理需求，也构建起传统与现代的价值对话机制。

（二）技术融合的形态革新

中国视听节目在技术创新领域展现出惊人的融合能力，将前沿数字技术转化为独特的艺术语言，形成了具有东方美学特质的视听表达体系。这种技术美学的构建，既包含对传统艺术形式的数字化重构，也涉及全新媒介形态的原创性探索。

虚拟制片技术在《舞千年》《登场了！敦煌》中的运用，打破了历史叙事的时空界限。通过扩展现实（XR）技术，敦煌壁画中的飞天形象与现代舞者形成跨时空对话，数字复原的古城墙与真人表演产生虚实交融的震撼效果。这种技术应用超越了简单的视觉奇观营造，通过技术赋能实现了文化意象的立体化呈现。

人工智能技术的深度介入催生了《未来中国》《我是未来》等节目的创新形态。AI主持人与人类学者的思想交锋、算法生成的个性化内容推送、实时数据可视化呈现，构建起人机协同的新型创作模式。这种技术融合不仅改变了节目生产流程，更在深层意义上重构了知识传播的认知图式。

（三）产业生态的价值重构

中国视听文化类节目的创新已超越单一内容生产维度，形成了"内容IP＋产业链＋生态圈"的立体化发展格局。这种产业创新既包含传统媒体与新媒体的深度融合，也涉及文化价值向经济价值的创造性转化。

《唐宫夜宴》《洛神水赋》等现象级节目，通过"短视频引爆＋长视频深耕＋衍生品开发"的传播链路，构建起完整的文化IP产业链。从数字藏品发行到线下主题展览，从文创产品开发到文旅项目落地，形成了文化价值的多维度变现模式。河南卫视"中国节日"系列的成功，正是这种产业生态创新的典型例证。

在平台生态构建方面，爱奇艺"迷雾剧场"、腾讯视频"新国风"等品牌化运营，展现出垂直领域深度开发的市场智慧。这种创新不仅体现在内容品类的专业化深耕，更包含会员体系、互动社区、版权交易等多元商业模式的协同创新，推动整个行业向精细化、体系化方向演进。

（四）社会功能的深度拓展

当代视听文化类节目正从娱乐载体向公共文化服务平台转型，在价值引领、社会服务、国际传播等方面发挥日益重要的作用。这种功能拓展既体现了媒体的社会责任担当，也反映出文化治理现代化的内在要求。

文化类节目通过与青年亚文化的融合，实现对青年文化的价值引导。《五星耀中华》通过趣味竞答和线上互动，激发了年轻观众的参与热情；《国风少年志》则采用"体验＋旅行＋传承"的形式，让明星嘉宾带领观众探寻传统文化的现代魅力。《中国有嘻哈》《舞千年》等节目用"国风＋亚文化"的混搭引发青年群体追捧中国传统文化的热潮。

在国际传播层面，《功夫学徒》《行进中的中国》等节目突破语言障碍、认知框架等文化困境，通过"外国体验者视角＋中国故事内核"的叙事策略，将高铁技术、电商扶贫等发展成就转化为可感知的生动故事。这种创新传播模式使中国视听节目成为跨文化对话的重要媒介。

中国视听文化类节目的创新发展，本质上是文化自觉与技术自觉双重作用下的产物。在文化维度，它体现着对中华文明精神标识的当代诠释；在技术维度，它展现着对媒介变革机遇的主动把握；在产业维度，它实践着社会效益与经济效益的平衡发展。这种创新不是单一要素的突破，而是文化基因、技术能力、市场机制、社会需求的系统共振。随着数字智能演进，中国视听文化类节目将在虚实融合、人机协同、跨屏叙事等方向持续探索，开创更具文化主体性的创新路径。这种发展既需要技术理性的支撑，更离不开文化自觉的引领，最终在守正创新中构建起具有中国特色的视听文化新生态。

第三节　中华文化类节目策划实践

在媒介生态深刻变革与文化自信不断增强的背景下，中华文化类节目的策划已超越简单的文化元素拼贴，形成了具有系统方法论意义的创作原则。这些原则既包含对文化本质的深刻认知，也涉及对媒介规律的科学把握，更体现着对时代精神的精准回应。其核心在于构建既能彰显中华文化精髓，又符合现代传播规律，同时具有可持续生命力的节目形态。

一、中华文化类节目的策划原则

（一）注重文化根脉的当代表达

文化类节目的策划必须建立在对中华文明精神标识的深刻理解之上，既要避免文化符号的肤浅挪用，又要防止传统元素的僵化复制。其关键在于实现文化基因的解码与重组，在保持文化本真性的同时，构建符合现代审美的话语体系。

首先，深层解码中华文化基因。节目应深度挖掘中华文化精髓，展现中华文化的博大精深与源远流长，让观众真正理解中华文化核心。《典籍里的中国》通过"戏剧＋影视＋文化访谈"的复合形态，破解了古籍传播的现代性困境。节目组历时两年梳理《尚书》《论语》等典籍的核心思想，提炼出"民本""仁政""大同"等文化基因，再通过时空穿越的叙事结构，让当代学者与古代先贤展开跨时空对话。这种策划思维不是简单的场景还原，而是通过解构典籍中的价值体系，重构符合现代认知的叙事逻辑，使"敬天法祖"的传统智慧转化为"以人为本"的现代启示。

其次，活化转译传统文化符号。视听节目应充分利用视听表达优势，让传统文化符号焕发新的活力。河南卫视"中国节日"系列开创了"文化符号活态化"的策划范式。在《端午奇妙游》中，主创团队将龙舟竞渡的民俗符号分解为"竞技精神""团队协作""自然崇拜"三层意涵，通过水下舞蹈呈现《洛神赋》的视觉奇观，用AR技术复原楚地巫祝仪式，最终形成"古典美学＋现代科技"的符号转译系统。这种策划实现了从"展示文化"到"体验文化"的范式转换，使静态符号转化为可感知的文化能量。

最后，传统文化精神的现实观照。传统文化精神结合现代社会特点和需求，才更具时代感和吸引力。《诗画中国》的策划突破艺术鉴赏的传统框架，构建起"诗画互文—精神解码—现实映射"的三维结构。节目通过CG技术让《千里江山图》"活"起来，在动态山水间嵌入当代建设者的奋斗故事，将"天人合一"的传统美学转化为生态文明建设的现实启示。这种策划原则强调文化精神与时代命题的对话，使传统文化成为解读现实的思想资源。

（二）把握技术赋能的融合传播

技术应用不应停留于视听奇观的营造层面，而应成为重构文化叙事逻辑的核心要素。策划者需把握"技术为体、文化为魂"的融合原则，在数字技术、智能算法与艺术表达之间建立创造性关联。

首先，在技术赋能下探索视听叙事的创新表达。随着人工智能、增强现实、裸眼3D等技术的广泛应用，中华文化类节目视听叙事也得到升维重构。中央电视台《中国考古大会》采用"XR＋全息投影＋空间声场"技术构建考古现场的数字孪生。策划团队通过三维建模复原良渚水坝系统，利用粒子特效演示青铜器铸造流程，使观众可通过多屏互动体验考古勘探的真实过程。这种技术整合不是炫技式叠加，而是通过虚拟现实重构知识传播路径，将考古学从专业知识转化为大众可参与的文明探索之旅。《经典咏流传》第五季利用人工智能协同创作，引入AI作曲系统，策划构建"人类情感—算法生成—文化调适"的创作机制。当选手讲述边疆支教故事时，AI即时分析语音情感特征，结合《阳关三叠》的曲调基因生成背景音乐。这种技术应用突破了艺术创作的时空限制，形成人机协同的文化再生产模式，但始终以人的情感体验作为价值锚点。

其次，利用智能驱动实现中华文化的精准传播。腾讯视频《敦煌师父》的策划建立在大数据画像基础之上。通过分析用户对传统文化内容的消费偏好，节目设置"壁画修复""经卷解读""乐舞复原"三大模块，每个环节提供分支剧情选择。这种策划模式实现从"大众传播"到"精准滴灌"的转变，使文化传播更具针对性和有效性。

（三）构建社会价值的引领系统

文化类节目需要突破"就文化谈文化"的局限，构建起连接个体命运、社会发展和文明进程的价值网络。策划者应把握文化传播的社会嵌入性，在知识传递中实现价值引领。

首先，将文化记忆与个体叙事进行共鸣设计。传统文化的生命力在于与个体命运相连接，才能得以传承并焕发新的生机与活力。《中国诗词大会》创新"诗词竞技＋人生故事"的叙事架构。每期节目设置"人生自有诗意"主题演讲环节，让外卖骑手讲述诗词如何支撑他在城市奋斗，让乡村教师分享如何用古诗滋养留守儿童心灵。这种策划将文化传承转化为生命经验的共享，使传统文化成为连接不同社会群体的情感纽带。其次，将传统文化资源与当代社会发展相连接。传统文化资源为当代社会发展提供宝贵的资源遗产，浙江卫视《万里走单骑》开创"文化遗产＋社区营造"的新型节目模式。在策划福建土楼特辑时，节目不仅展示建筑美学，更深入探讨如何通过非遗活化利用解决空心村问题。策划团队设计"世遗守望者"计划，引导观众参与土楼民宿运营、客家山歌传习等实践活动，将文化传播延伸为社会治理创新实验。最后，建立代际对话与价值传承的创新机制。B站《舞千年》采用"Z世代编舞＋老艺术家指导"的创作模式。策划中设置00后舞者向京剧名家学习水袖功的纪实环节，通过运动捕捉技术将传统身段转化为数字舞蹈资产。这种策划既消解了代际文化隔阂，又构建起传统艺术传承的数字化路径。

（四）搭建国际表达的对话空间

中华文化类节目的策划需要建立全球传播视野，超越"文化输出"的单向思维，构建基于文明平等对话的传播范式。这要求策划者既要深谙中华文化精髓，又要掌握跨文化传播的编码规则。

文化类节目重在"以文化人、以情动人"，中华文化类节目策划要注重情感共同体的构建策略。首先，建立体验式传播的界面设计，让中国文化可感。《登场了！敦煌》国际版构建"数字敦煌＋区块链"的传播工程。

节目将壁画元素转化为数字藏品，每件藏品附带 AR 导览功能，海外用户可通过 NFT 平台获取并解锁专属文化内容。这种策划将传统文化符号转化为数字时代的通用媒介，在元宇宙空间构建起文化传播的新界面。《功夫学徒》创新"外国体验者＋中国师父"的叙事模式，在策划电商扶贫特辑时，安排东南亚青年创业者深入贵州村寨，全程参与直播带货、物流搭建、品牌设计等环节。这种"做中学"的策划理念，将中国经验转化为可复制的实践方案，规避了文化传播中的说教感。其次，挖掘共通情感，实现共情传播。纪录片《遇见最极致的中国》采用"生态叙事＋情感共鸣"的国际传播策略。策划团队捕捉雪豹哺育幼崽、亚洲象北上南归等动人场景，通过 4K 超高清影像呈现生命奇迹。这种超越文化差异的情感连接，使节目在 National Geographic 播出时创下收视纪录，证明自然情感可以成为文明对话的通用语言。

中华文化类节目的策划原则不是静态教条，而是随着技术变革、受众变迁、文化演进不断更新的方法论体系。当前策划实践已显现出三个重要转向：从文化展示转向价值生产，从单向传播转向生态构建，从本土叙事转向全球对话。未来策划者需在三个方面深化探索：其一，建立文化价值评估体系，量化测量节目对文化认知、情感认同、行为转化的具体影响；其二，开发跨界协同机制，推动文博机构、科技企业、内容平台形成创新联合体；其三，构建动态调适模型，使节目模式能够实时响应社会文化变迁。唯有坚持原则性与灵活性的统一，中华文化类节目才能在守正创新中持续释放文化生命力，成为构建中华民族现代文明的重要载体。

二、中华文化类节目模式案例解析

（一）《典籍里的中国》：中华文博类节目戏剧创演活态模式

1. 节目概况

《典籍里的中国》是中央广播电视总台于2021年新春重点打造的大型原创文化节目，于2021年2月12日开播，双周播出模式，每期时长约95

分钟。节目聚焦中华优秀文化典籍中的经典名篇，展现其中蕴含的中国智慧、中国精神和中国价值，讲述感人至深的传承故事。节目综合运用环幕投屏、实时跟踪等新科技手段，设计出"历史空间""现实空间"两大舞台创新节目形态，并以跨越时空对话的形式营造了"故事讲述场"，生动演绎中华典籍精华的源远流长。该节目先后获得第27届上海电视节"白玉兰奖"最佳电视综艺节目、第58届"亚广联奖"电视娱乐节目奖、第27届"星光奖"优秀电视综艺节目奖，以及中宣部第十六届精神文明建设"五个一工程"优秀作品奖。

2. 节目版块

以2021年10月10日播出的《典籍里的中国——〈传习录〉》为例（见表6-1）。

表6-1　《典籍里的中国——〈传习录〉》节目版块分析

序号	内容	时间	形式
1	主持人介绍《传习录》历史背景，与《论语》进行比较	约5分钟	主持人解说＋开场戏剧
2	主持人与三位读书人品读《传习录》感悟"知行合一""致良知"的精神	约8分钟	主持人与品读人现场对谈
3	戏剧主创人员典读会，对台词及对角色的感悟	约5分钟	主持人与主创人员对谈
4	舞台戏剧再现历史场景：《传习录》的编撰起因	约10分钟	主持人解说＋戏剧表演
5	舞台戏剧再现历史场景：王阳明成长背景	约3分钟	主持人与角色对话＋戏剧表演
6	舞台戏剧再现历史场景："八虎之乱"，王阳明逆境中的精神坚守	约10分钟	主持人与角色对话＋戏剧表演
7	舞台戏剧再现历史场景：王阳明龙场悟道	约10分钟	戏剧表演，时空穿越与先贤对话
8	品读人现场对谈观后感，解读"知行合一"内涵	约5分钟	嘉宾现场对谈

续表

序号	内容	时间	形式
9	舞台戏剧再现历史场景：弟子记录《传习录》	约5分钟	主持人与角色对话＋戏剧表演
10	舞台戏剧再现历史场景：平定藩王之乱，践行"致良知"	约10分钟	主持人与角色对话＋戏剧表演
11	舞台戏剧再现：王阳明与父亲隔空对话，面对困境初心不改	约5分钟	主持人与角色对话＋戏剧表演
12	舞台戏剧：《传习录》后世流传，王阳明与当代年轻人对话	约10分钟	戏剧表演
13	品读人对王阳明心学思想的评价	约5分钟	嘉宾对谈

3. 节目融合创新分析

（1）表现形式上，采用了跨越时空的"古今对话"方式。叙事手段的选择是影响电视综艺节目效果的重要因素，以往电视节目主要以时间作为维度，但《典籍里的中国》一改以往方式，以穿越时空的"古今对话"方式，来完成节目的设计。当代读书人撒贝宁既可以回到过去，与每集的典籍主人发生对话，典籍主人也可以来到当代，了解当代科技的发展以及典籍的传播。这既回答了以往我们内心对典籍存在的疑惑，也呼应了典籍传播对当代的社会贡献。

在《传习录》篇中，撒贝宁穿越到数百年前的明朝见到王阳明及其弟子，与王阳明对话，了解他悟道"知行合一""致良知"的心路历程，展现《传习录》中的内涵与价值。同时，王阳明还回到当代，与当代年轻人对话，共同探讨对"知行合一"精神的理解，传递中华文化传统精神的历久弥新及深远影响。

除了古今穿越，不同时代的人物也展现在一个场景中，发生碰撞。如《传习录》篇中王阳明与孔子、朱熹、陶行知等人的隔空相遇对话。又如《天工开物》篇中宋应星与袁隆平两位科学家实现了对话，并完成了经典的一幕"握手"。在讨论高粱种植时，宋应星与袁隆平都有共同的"禾下乘凉"梦想，这一剧情也抒发了几代人共同期盼的天下富足。

（2）叙事方式上，采用"戏剧＋影视＋访谈"的融合模式。《典籍里的中国》采用舞台戏剧形式讲述古代典籍编撰与流传的故事，以专家访谈对话的模式对典籍中的内容进行解读，既挖掘了典籍背后的深度，也拓宽了广度。

在《传习录》篇中，节目以一幕幕舞台戏剧的形式展示王阳明的个人生平历程，以及《传习录》问世的历史过程，其间穿插主持人与角色之间的对话，并以此串联起一幕幕诸如"八虎之乱""龙场悟道""平定叛乱""初心不改"等历史场景故事。这一幕幕场景建构起观众对王阳明及其《传习录》中"知行合一"精神的认知。

节目中还邀请历史学家和文献学家进行访谈，对典籍中的精神进行进一步解读。同时，还以戏剧主创人员的典读会方式，对主创人员进行访谈，表达主创人员对角色人物及其典籍中的精神内涵的理解。节目通过访谈对话将古代典籍原本晦涩、深博的内容，以生动、通俗的方式讲解出来，激起观众对中华典籍的兴趣，启发人们对典籍精神的思考。

（3）呈现手法上，采用多空间、多维度的沉浸式舞台。《典籍里的中国》为展现多场景的内容叙事，打造了四个全景式、沉浸式的舞台空间，交叉叙事。舞台中间有一条连接不同时空的甬道，使得不同时代的人物和历史事件能够借由这条时空甬道在数千年历史长河中自由穿梭，串联起历史和当下。这种分空间、多区域的舞台设置，能够展开多线并行的立体叙事，将蒙太奇手段舞台化，为观众带来强烈的沉浸体验感，并增强了视听节目的表现张力。

如在《本草纲目》篇开头，呈现了三个空间的叙事交融：当代读书人撒贝宁讲解李时珍画像背后的故事，另一个空间呈现蒋兆和创作李时珍画像的过程，其后又有王世贞对李时珍外貌的描述。短短几分钟内，多个空间交融将这一故事生动地展现出来。

《典籍里的中国》共设计了四个舞台，分别具有不同的作用。一号舞台背景为书架，是主戏剧呈现的舞台；二号舞台是节目核心人物的舞台场景；三号舞台为图书馆环境，主要是专家对话沟通的场景；四号舞台为横贯中心的时空甬道。四个舞台相互勾连，起着不同的叙事作用，完成了这一复杂的多时空叙事。

（4）技术赋能上，通过数字技术进行典籍文字的活化呈现。节目除了创新设计270度立体舞台，还综合运用环幕投屏、增强现实（AR）、实时跟踪等新科技手段，以跨越时空对话的形式营造出多空间、沉浸式"故事讲述场"，打造了一个更好地认识、理解中华文明博大精深的平台。比如，第二季《永乐大典》篇，打造了戏剧主人公陈济在月下悟治书之道、与恩师和父亲分别的场景。还有备受好评的"照镜子换装"。在现代演员和古代先贤对拜之后，镜子内外全部变成"古人"，以此增强一眼千年、穿越时空的气氛。比如在《天工开物》篇中，演员李光洁走到镜子前，照见的是穿着古代服饰的宋应星，每走过一面镜子显现的都是宋应星不同年龄阶段的样貌，从而将现代演员与古代人物融为一体，传递出当代人对先贤的敬仰与尊重。在同一集中，宋应星通过时空甬道见到了自己的哥哥和朋友，并传达出"天下富足"的共同理想，肯定了为典籍付出努力的每个人的价值。

4. 节目推宣策略分析

（1）搭建媒体矩阵，进行分众传播。《典籍里的中国》依托中央广播电视总台海内外的强大资源，借助央视频、抖音、微博、B站、快手等新媒体平台不断拓宽传播路径，在坚守节目品质的同时，不断打造衍生综艺、新媒体互动产品等，实现"大屏＋小屏"的互动，达到了电视、网络、社交多媒介平台的最大传播效果。《典籍里的中国》充分运用新媒体功能，适应当下短视频潮流，一方面能够加速碎片化传播，拓宽传播渠道以提升节目的覆盖面；另一方面充分利用受众的"碎片化"时间，增加用户黏性。

（2）打造爆款短视频，推动二次传播。比如从老戏骨演技、选角有多绝等角度，实时捕捉观众反馈，作为二次传播的发酵点，引发不同年龄段用户的积极讨论与互评，拓宽受众的覆盖面，解决了电视大屏传播的单一性和时空的局限性等问题，促成跨圈层的口碑。比如第二季《茶经》一期的短视频，单条视频播放点击量近千万。

（3）挖掘价值情感，诠释中国精神。典籍包含着中国智慧，传递着中国情感、传承着中国价值和中国精神。节目组从节目内容出发，围绕"社会共识向、情绪共鸣向、知识科普向、衍生趣味向、议题向"等主题，策划相关话题及视频进行传播，在大众圈层尤其是年轻群体中引发阵阵反响。节目组注重挖掘受众的文化认同感，策划如"为什么我们被称为炎黄子孙""中国人的浪漫都藏在《诗经》里了""《茶经》如何影响世界茶文化"等话题，增进了受众对中华民族传统文化的认识与理解，使受众在内心迸发出文化自信，在灵魂深处产生精神共鸣和情感共鸣。

（二）《登场了！北京中轴线》：人文探索演绎类节目模式

1. 节目概况

《登场了！北京中轴线》于2023年7月开播，每周日12：00在爱奇艺、咪咕视频播出。由中轴丈量人、时空旅行团、中轴专家团组成的队伍一同探索北京中轴线，挖掘中轴线背后的故事。节目向城市历史的纵深处探寻，全景式展示北京中轴线的前世今生，将"元代、明代、清代、近代、现代"五条中轴线折叠，通过中轴时空列车中所触碰到的历史物件探寻深厚历史与现实时空的"共通点"，领略古今辉映的传统文化魅力。在对这条脉络的"拆解"中，带出一个个充满智慧和巧思的"名场面"，也让节目整体更有参与感，激发了更多年轻人对古老文化的好奇心和探索欲。

2. 节目版块

2023年8月第一季第八期《登场了！北京中轴线》全片60分钟分析见表6-2。

表6-2 《登场了！北京中轴线》节目版块分析

序号	内容	时间	形式
1	开场视频：介绍北京中轴线	2分钟	短视频
2	中轴丈量人和三位嘉宾乘坐时光列车，看到老电影《城南旧事》片段，提出寻找老北京城市声音	2分钟	嘉宾座谈

序号	内容	时间	形式
3	第一路嘉宾到北京声音博物馆寻找老声音	14分钟	专访＋现场体验
4	第二路嘉宾到老物件博物馆寻找老声音载体	6分钟	专访＋现场体验
5	第一路嘉宾搜集老北京鸽哨	6分钟20秒	专访＋现场体验
6	嘉宾回到声音博物馆，制作城市缺失的老北京声音	19分钟	现场制作画面
7	老声音后期合成展示	2分10秒	画面
8	嘉宾回到时光列车，谈此次寻访老声音的感想	5分30秒	现场座谈
9	片尾话题：北京中轴线的意义	3分30秒	短片＋专家访谈

3. 节目模式创新分析

（1）内容创新：创新综艺表达范式，构建中轴文化空间。传统的文化节目模式大致为纪录片、知识竞赛，但这些模式已无法满足现阶段受众的需求，且受众接触到的文化知识也都是浅层化的内容，观众无法置身情境中对文化内容产生深刻理解。《登场了！北京中轴线》以四大感官"视、味、触、听"为新的打开方式，以"中国美、中国音、中国味、中国魂"四个主题为切入视角，受众观看每期节目的感受都不一样，了解的文化也更为多元。

（2）场景创新：打造"双场景"交融叙事，提供沉浸式人文体验。节目以"中轴时空列车"为标志场景，探索团能够前往北京中轴线上700余年任意时间地点。时空列车将"现实探索"与"故事演绎"双场景串联起来，交叉推进剧情。在"故事演绎"场景，节目以戏剧方式打开主题，通过邂逅历史古人、亲临历史现场，增强代入感，打造沉浸式高能穿越之旅。第一期节目中的"故事演绎"向我们阐述了"什么是独树将军"，同时探索团也邂逅了元大都设计者刘秉忠，开启了一场跨时空对话。而在"现实探索"中，节目设置了一个实验场，邀请专家团成员王军（故宫学研究所副所长）以沙盘演绎的方式，现场向探索团展示如何辨别方位，领悟刘秉忠口中"识日出之景（影）与日入之景（影）"之中的奥秘。

（3）人设创新：汇聚多元跨界阵容，保证内容品质与趣味。节目没有设置主持人、嘉宾等传统角色，而是设置中轴丈量人、中轴探索团、中轴专家团，借助专家团的智慧、经验，赋予节目更高的专业性、历史性和文化性。每个主题由故宫博物院单霁翔院长带领青年演员罗一舟和一位飞行嘉宾组成中轴探索团，以不同视角感受中轴魅力，在传播中轴文化的同时也增添了内容的趣味性。例如在音乐主题方面，就邀请了歌手蔡国庆助力，体现中国传统音乐的传承发展。根据每期主题设置，节目还邀请了与主题强关联的专家学者，为北京中轴线探索提供智力知识支持、文化背景补充、历史故事延展。

（4）形式创新：科技赋能文化传承，创意升级视觉表达。该节目最大的亮点在于中轴时空列车的设定，这趟列车能够穿越"元代、明代、清代、近代、现代"各个时间点，让嘉宾重回特殊的时间点，又让故事的主角来到现实展开对话交流，既有历史纵深感，又观照现实，让受众在对比中感受时代巨变。此外，节目中也有诸多情节设定联结特定文化的前身与今世。

4. 节目推宣策略分析

（1）多平台联动传播，布局全媒体矩阵。在传统媒体自行撰写稿件，从不同的角度出发，多维度向受众介绍该节目，激发受众兴趣。例如中国网发布"《登场了！北京中轴线》：触摸北京城的脊梁"，落脚点在于城市历史。

在微博、微信等社交媒体，打造热点话题。以微博为例，"登场了北京中轴线""罗一舟登场了北京中轴线""登场了北京中轴线今日收官""登场了北京中轴线终于要登场了"等话题讨论量近6000万条、阅读量达20亿次。

（2）多领域跨圈层传播，多维度吸引潜在受众。节目中轴丈量人——故宫博物院院长单霁翔，具有专业知识的同时也具有网络热度，其微博相关热门话题"网红院长单霁翔谈故宫的猫""单霁翔点赞年轻人文化"等话题热度居高不下，其专业能力吸引众多传统文化爱好者、故宫研究专家学者加入讨论。同时，节目邀请嘉宾均为年轻受众喜爱的明星，选秀节目《青春有你》出身的罗一舟积累了大量人气粉丝，演员宋轶也因大量优秀影视作品受到大众喜爱。"年轻化嘉宾＋专业领头人"共同推动跨圈层传播，多维度吸引潜在受众，扩大兴趣用户范围。

（3）衍生栏目助推节目热度，拓宽流量传播链条。《登场了！北京中轴线》除了在咪咕视频、爱奇艺播出节目正片外，在其他平台还布局了相关衍生栏目。如在抖音平台上的衍生活动"历史冷知识"，借助梗言梗语将历史知识与现代热点相结合，如"揭秘历史真实故事，古人追爱豆多疯狂""古代名媛的精致仪式感，最后一个亮了"等；在微博平台上设置栏目"轴在学习""轴公解惑""轴家茶话会"等，将节目相关知识点用趣味语言展示，并与网友粉丝互动，多元传递节目价值。在衍生栏目助推下，节目粉丝即便在等待节目更新期间，或者节目结束之后，也能够保持一定的活跃度，从而延续节目自身的价值。

（4）系列节目流量注入，延续内容传播口碑。2020年，爱奇艺首次在网络平台上播出了大型人文综艺节目《登场了！敦煌》；2021年推出《登场了！洛阳》节目；2023年，《登场了!北京中轴线》播出；2024年，《登场了！大山西》播出。《登场了！北京中轴线》节目在《登场了》系列IP流量加持下播出，在光环效应之下，受众口碑相传，对该节目也赋予了一定的期待。而《登场了！北京中轴线》也没有辜负受众期待，再次延续了节目IP以往的高口碑，带领观众在欢乐有趣的氛围中感知城市文化内核。

（三）《诗画中国》:文博类节目跨界融合活态传播模式

1.节目概况

《诗画中国》作为一档大型季播文博类节目，于2022年8月28日每周日20：00在CCTV综合频道播出。节目以每季11期、每期100分钟的播出模式，以中国经典名画作为内容载体和特定场景，融合XR、CG、裸眼3D、全息影像等科技手段，通过诗、画、音、舞、剧、曲等艺术形态的跨界融合，让经典诗画别开生面和栩栩如生，为观众呈现一场诗画视听盛宴。该节目获得第28届上海电视节"白玉兰奖"提名奖。

2. 节目版块

2022年8月28日第一期《诗画中国》以100分钟节目展现五幅中国古画，每幅画卷的展现呈现固定模式，以下主要分析第一幅画《溪山行旅图》的节目模式（见表6-3）。

表6-3　《诗画中国》节目版块分析

序号	内容	时间	形式
1	开卷人开卷：介绍《溪山行旅图》的背景及内容	5分钟	开卷人出镜讲解＋画面插入
2	《溪山行旅图》活态演绎	5分15秒	舞台表演＋数字技术
3	主持人、赏卷人、开卷人、表演者等对谈：画作中的中国文化内涵	6分30秒	对谈＋画面＋字幕
4	文博专家谈《溪山行旅图》中的文化内涵	2分20秒	专家出镜＋画作画面
5	古画：《杂花图卷》	约18分钟	专家出镜＋画作画面
6	古画：《昭陵六骏图》	约16分钟	专家出镜＋画作画面
7	古画：《墨梅图》	约16分钟	专家出镜＋画作画面
8	古画：《水图》	约14分钟	专家出镜＋画作画面

3. 节目模式创新分析

（1）艺术形式多样，尽显东方文化魅力。《诗画中国》全面融合了表演、歌曲、舞蹈、喜剧、曲艺等多种艺术形态，经过京剧、评弹、武术、朗诵、音乐剧、芭蕾、木偶戏、钢琴、琵琶等多重艺术的加工，生动呈现了60余幅古代名画，70余首经典诗文，将中华文化之美扩展到全新的维度，展演了一场场视觉文化盛宴。

《诗画中国》中每一幅经典画作的介绍都有一位专属的"开卷人",作为画作展示与现代艺术融合的核心。每一位"开卷人"都是不同艺术领域的专业人士,从各自专业领域去诠释对经典画作的独特理解,打造交相辉映的多元艺术意境。

艺术表现形式不只有东方的艺术,也有西方的艺术表现形式,节目设定没有固定的呈现形式标签,而是为每一幅画找寻最恰当的表达方式,体现的是中华文化的包容性,用当代文艺真正激活传统文化的生命力。例如,在《杂花图卷》的展示中,钢琴家郎朗置身画卷中的演奏,以"水墨交响"的形式,原属于西方的黑白琴键与中华的水墨交相辉映,创造了独特的黑白之美。

(2)创意单元通感,多种视听感官体验交织。通感是一种修辞格式,用形象的语言使感觉转移,将人的视觉、嗅觉、味觉、触觉、听觉等不同感觉互相沟通、交错,彼此挪移转换。在文学艺术创作和鉴赏中,各种感觉器官间的互相沟通,指视觉、触觉、嗅觉、听觉等官能可以沟通,不分界线。在《诗画中国》节目中,作曲、音乐、舞蹈、表演等艺术形态相融合,传统画作的感官体验界限得以拓宽。

在《杂花图卷》单元中,节目组将绘有牡丹、石榴、荷叶、芭蕉、梅花、竹子、菊花等13种姿态各异的花果草木长卷中的浓淡相宜水墨笔法,与跌宕起伏的交响乐联系起来,通过音乐达到艺术通感,从而对画作进行诠释。节目将钢琴家郎朗请到现场弹奏《茉莉花》,并结合琵琶、箫笛等民乐协奏,旋律中断,创意融合法国印象主义乐派创始者德彪西的名曲《月光》、格里格钢琴协奏曲,最后又以《茉莉花》收束,达到一种跨越民族、地域、时间的艺术无国界融合之壮丽美感。在《昭陵六骏图》单元中,来自中国歌剧舞剧院的六名青年舞者化身六匹战马,用恢宏激昂的舞步,极致演绎战马的英武,再现出彪悍忠勇的战马精神。

(3)虚实相生,科技赋能搭建艺术舞台。绘画原是平面的二维艺术表现形式,通过科技手段使"只可静观"的画作中的一山一石、一草一木"活"起来,生动地展现在视觉舞台上,使观众身临其境地感受古人画作以及诗歌的魅力。《诗画中国》节目中,注重荧屏呈现效果,利用XR、

CG 等先进科技手段，从开卷人的专业技艺角度出发，使开卷人融入科技搭建的画作场景中，创造了穿越时空的逼真场景。另外，采用电影级别的拍摄手段，为每一幅经典画作打造出可视、可听、可感的独特舞台场景，绘制了一幅又一幅饱含中华文化魅力的"立体画卷"。如节目将《溪山行旅图》通过 CG 技术立体化呈现，使画中千年来未曾相遇的三人在千年后得以相遇，共赏山水之美；在展现《货郎图》时，结合 XR、CG、裸眼3D 技术，以孩童视角展现货架，让观众得以全新角度认识古人佳作。

（4）专家访谈，深度探讨诗画丰富内涵。《诗画中国》节目层层递进，通过诗与画的全面融合展现古人的精神风采，展现主旨"诗是无形画，画是有形诗"。在最后阶段，由撒贝宁主持，范迪安、吴为山、康震作为品卷人对每一幅画展开访谈，而这个访谈环节，被观众称之为"点睛之笔"。访谈的展开会回溯经典作品背后的历史故事，不仅感受画家创作之时的人生百态，同时分享、观赏或演绎过程中的真情实感，探索经典作品蕴含的丰富内涵，从而于画作中获得强大的精神文化力量。

4. 节目推宣策略分析

（1）多平台联动，提前宣传预热。该档节目于 2022 年 8 月 28 日正式播出，在播出前，央视新闻在 B 站、微博等平台提前发出信息，预热节目。在当天播出之前，央视新闻联合许嵩、谭维维、郎朗，在 B 站发布《诗画中国》主题歌，获得 72.6 万人次观看量，3172 个评论量。在微博上，带上话题"在许嵩谭维维的歌声中感受诗画中国"，并 @ 两位歌手，获得了 2.6 万次点赞，3.9 万次转发，2140 条评论。在评论区，央视新闻微博编辑更是直接推广了此档节目，点明时间以及播放平台，并呼吁用户前来观看。

（2）邀请艺人加盟，扩大推宣范围。《诗画中国》邀请了众多明星加盟，如许嵩、谭维维、萧敬腾、方文山等纷纷加盟演绎诗画，通过微博话题"许嵩方文山神仙组合再现王维诗中雪""任敏超话"等带动微博话题互动，引起粉丝及网友关注。

（3）运用海外平台，推动中华文化国际化传播。《诗画中国》第一季节目于2022年8月28日开播，于2022年12月收官，全网视频播放量累计达3.1亿次，共收获427个热搜，相关话题总阅读量累计超26.3亿次，不仅获得了国内受众的广泛认可，还赢得了海外平台的广泛赞誉。央视借助与海外华文媒体合作开办的"中国电视"新媒体专区，以专题形式集中推介了《诗画中国》，相关内容在美国、俄罗斯、法国、菲律宾、葡萄牙、意大利、日本、英国等多个国家的华文新媒体平台及社交媒体账号上发布传播，累计浏览量超44万次。

第七章

视听节目策划的组织实施

视听节目策划不仅仅只是停留在节目内容策划，而是对整个节目的内容生产、制作、推广、分发和营销等一系列活动的管理和执行过程，涵盖了从内容策划到受众体验的整个产业链。一档节目能否成功，能否产生相应的社会效益和经济效益，关键在于视听节目策划的组织实施，这决定着视听节目策划目标的实现。本章将在前面各章对不同节目类型进行策划的基础上，就视听节目策划的具体实施中的关键环节进行解析。

第一节　视听节目策划的实施原则

视听节目策划的组织实施是一个复杂而系统的过程，涉及多个环节和多个参与主体，为了保证节目质量，提升节目的市场竞争力，需要遵循一系列原则以确保策划活动的科学性、有效性和可持续性。

一、社会效益与经济效益相统一原则

文化产品兼具意识形态属性与商品属性的双重特征。这一理论在新时代中国语境下发展为"把社会效益放在首位、社会效益与经济效益相统一"的指导原则。视听节目作为一种文化产品，不仅具有娱乐和信息传播的功能，更具有重要的社会价值，从各个层面对社会产生重要影响。因此，视听节目在策划和组织实施过程中，必须坚持社会效益与经济效益的统一。

从理论层面来看，社会效益与经济效益的统一反映了文化产品的双重属性。文化产品既是一种精神产品，具有满足人们精神需求、传播文化价值、促进社会进步的功能，又是一种商品，具有经济价值和市场属性。在视听节目策划中，只有将社会效益放在首位，才能确保节目的正确方向和价值导向；同时，只有注重经济效益，才能保证节目的可持续发展。

在实际操作中，社会效益与经济效益的统一要求策划者在策划过程中充分考虑节目对社会的影响。一方面，在内容选择上，策划者应注重传播正能量，弘扬社会主义核心价值观，避免低俗、暴力、虚假等不良内容。例如，《焦点访谈》等新闻节目，通过深入调查和报道，揭露社会问题，推动社会进步，取得了良好的社会效益。另一方面，在节目形式上，策划者应注重节目的教育性和引导性，通过生动有趣的形式传递正确的价值观。例如，《朗读者》等文化类节目，通过朗读经典文学作品，传播文化知识，提升观众的文化素养。

同时，社会效益与经济效益的统一还要求策划者在策划过程中充分考虑节目的市场竞争力。市场是检验视听节目经济效益的重要标准，只有符合市场需求的节目，才能获得观众的认可和市场的支持。因此，策划者需要在保证社会效益的前提下，通过创新形式和内容，提高节目的吸引力和竞争力，从而实现经济效益的最大化。

二、创新性与可行性相统一原则

创新是视听节目策划的灵魂，是吸引观众的关键因素之一。然而，创新并非无源之水、无本之木，它必须建立在可行性基础之上。创新性与可行性的统一，要求策划者在追求新颖独特的同时，充分考虑实际操作的限制和条件。

从理论角度来看，创新性与可行性的统一反映了辩证唯物主义的基本原理，即事物的发展是内外因共同作用的结果。在视听节目策划中，创新性是内因，是节目脱颖而出的内在动力；可行性是外因，是节目能够顺利实施的外部保障。只有将两者有机结合，才能使节目既有吸引力又具有可操作性。

在实际操作中，创新性与可行性的统一体现在多个方面。首先，在内容创意上，策划者需要挖掘新颖的主题和故事，但这些主题和故事必须是能够通过现有的技术手段和资源进行呈现的。例如，一些科幻题材的节目，虽然创意新颖，但如果技术条件不成熟，就难以实现。其次，在形式创新上，策划者可以尝试新的节目形式和表现手法，但这些形式和手法必须能够被观众接受和理解。例如，一些互动性强的节目形式，虽然能够增强观众的参与感，但如果操作复杂，观众可能会望而却步。

此外，创新性与可行性的统一还要求策划者在策划过程中充分考虑市场因素。市场是检验节目创新性的重要标准，只有符合市场需求的创新才是有效的创新。同时，市场也为节目的可行性提供了保障，因为只有在市场上具有竞争力的节目，才能获得足够的资源支持。例如一些热门的综艺节目，通过创新的形式和内容吸引了大量观众，同时也获得了广告商的青眜，从而实现了创新性与可行性的统一。

三、计划性与灵活性相统一原则

视听节目策划的组织实施是一个动态的过程，需要在保持计划性的同时，具备一定的灵活性。计划性与灵活性的统一，要求策划者在策划过程中既要制定详细的计划，又要根据实际情况及时调整和优化。

从理论角度来看，计划性与灵活性的统一反映了事物发展的普遍性和特殊性的辩证统一。在视听节目策划中，计划性是确保节目顺利实施的基础，它要求策划者在策划过程中充分考虑各种因素，制定详细可行的计划。然而，由于市场环境、观众需求、技术条件等因素的不断变化，策划者还需要具备灵活性，根据实际情况及时调整计划，以应对各种突发情况。

在实际操作中，计划性与灵活性的统一体现在多个方面。首先，在策划阶段，策划者需要制定详细的策划方案，包括节目定位、内容创意、形式设计、人员安排、时间进度等。通过制定详细的计划，可以确保节目在实施过程中有条不紊地进行。例如，在大型综艺节目的策划中，策划者需要提前规划好节目的主题、邀请嘉宾、拍摄地点、拍摄时间等各个环节，确保节目能够按照预定计划顺利推进。

其次，在实施阶段，策划者需要根据实际情况及时调整计划。例如，由于天气、嘉宾档期、技术故障等原因，可能导致拍摄计划的调整。此时，策划者需要具备灵活应变的能力，及时调整拍摄方案，确保节目的顺利进行。在节目播出后，策划者还需要根据观众反馈和市场反应，对节目进行优化和调整。例如，一些节目在播出后可能会根据观众的建议和反馈，调整节目内容和形式，以更好地满足观众需求。

总之，计划性与灵活性的统一是视听节目策划成功的重要保障。只有在保持计划性的基础上，具备一定的灵活性，才能应对各种突发情况。这种统一不仅有助于提高策划方案的适应性和有效性，还能确保节目在实施过程中能够根据实际情况进行优化和调整。

第二节　视听节目策划的实施路径

一、视听节目策划的实施流程

视听节目策划是一项系统性工程，需通过科学流程与创新思维的结合实现从创意理念到实践落地的转化。以下是基于行业实践与理论框架构建的完整策划步骤体系，包含核心环节及具体实施方法，涵盖前期调研到后期优化的全生命周期管理。

（一）节目的立项

在视听节目策划的工作中，节目立项与节目创意往往是密不可分，相辅相成的。有时是先有创意再有立项，根据已有的好创意来进行节目策划；有时则如同"命题作文"，先有节目立项，再根据节目立项的主题来进行节目创意生成。无论是哪种情况，立项都是节目策划的基础与前提，而这引申出了一系列问题：为什么要做这个策划、这个策划是什么样的、怎么样去做这个节目、策划的前期需要做哪些准备工作……总的来说，上述的一系列问题可以总结为确定目标以及搜集信息。

1. 确定目标

在策划任何视听节目之前，首要任务是明确节目的目标和受众定位。这需要策划团队与节目投资者或电视台负责人进行充分的沟通和讨论，明确节目的核心价值、预期效果以及目标受众群体，是针对青少年的教育类节目还是面向成人的娱乐节目等。明确目标和受众定位能够为后续的策划工作提供明确的指导方向。

在确定目标这一环节当中，首先要找到主要问题，需要将节目的策划目标进行聚焦，即节目组目前现有的资源优势是什么、目标观众的需求是什么、现有的资源能满足观众哪些需求。这些目标可以解读为现有资源、观众期待以及问题目标三个要点，这样就使得目标更加明确。

2. 信息搜集

在明确了节目目标和受众定位后，策划团队需要进行市场调研和竞争分析。这一步骤的目的是了解当前市场上的视听节目格局，分析竞争对手的优势和劣势。通过深入了解市场需求和竞争环境，策划团队可以找到差异化的切入点，为节目的创意和制作提供参考和指导。这些信息包括宏观与微观两个层面。

（1）宏观层面。第一，政治环境信息。我国媒体的本质属性决定了视听节目策划要紧贴时代脉搏，紧扣当前时期的政治环境，承担好自身的宣传责任。而在这个过程中切不可照本宣科，做宣教味道浓厚的"传声筒"，而是要将时代要求融入节目的方方面面，确保节目导向正确，并与受众需求高度结合。第二，社会环境信息。从国际热点到观众身边的大事小事，大众日常生活中所接触到的方方面面都能成为视听节目策划中的参考信息，优秀的视听节目来源于大众生活，空中楼阁、脱离生活实际的视听节目难以引起观众的共鸣。第三，行业信息。策划人在立项过程中，要实时关注行业环境与前沿资讯，把握当下趋势与行业流向，在竞争激烈的传媒行业中，一定要找准节目的立足点与发展方向。

（2）微观层面。第一，自身信息。策划人首先要详细了解其节目所处的媒体环境，主要包括人力资源、节目资源、传媒技术、管理运作等方面的信息，才能做到知己知彼，百战不殆。第二，市场信息。除自身信息外，还应当解决以下问题：目前最流行的视听节目类型是什么、在这一类型有哪些优秀的视听节目、本节目策划方案面向的市场环境如何、本节目的主要竞争对手有哪些、与节目播出时段相同的节目有哪些、这一播出时段的广告市场如何、这类节目面向的观众构成如何，等等。在信息搜集环节中掌握的信息越完整、越详细，就越容易完成节目的策划。

（二）节目策划创意

在节目立项完成后，就进入了节目策划的核心环节——创意。创意主要分为两部分——基本构思与创意筛选，基本构思是明确现有的信息与资源有哪些，而创意筛选则是如何使用现有的信息与资源，进行创意发掘与筛选。在立项过程中，节目策划人掌握了大量的资料，但这些资料并不是简单直接地为节目策划服务的，而是要将他们仔细研读并整理分析后才能加以利用。从另一个角度来讲，即使已有信息与资源的质量不高，也能通过策略选择这一步骤合理利用。

基本构思就是在确定好节目策划的目标后，通过各类工具与平台搜集所需信息，并通过对信息的分析与梳理，运用创造思维，形成节目的初步框架与雏形思路。节目策划不应当面面俱到，而是要有所侧重，找准自身定位。最后要有一定的预见性，媒介环境变化纷繁复杂，节目从立项到策划，再到制作完成后与观众见面，具有一定的时间跨度，策划需要对未来有足够的预见与设想，以规避节目完成后可能面临的风险。

创新的第二部分是创意筛选。基于市场调研和竞争分析的结果，策划团队可以开始进行创意发掘和筛选。这个阶段需要策划团队发挥创意和想象力，根据市场需求和目标受众的喜好，提出多个潜在的节目创意。然后，根据一系列标准和考量，如创意的独特性、可行性、成本效益等，策划团队将筛选出最有潜力和可行性的节目创意。

在确定了节目创意后，策划团队需要进一步确定节目的概念和内容。这包括确定节目的主题、形式和风格等方面。同时，还需要确定节目的时间长度、分集安排以及节目的整体架构。例如，节目的形式可以是访谈、综艺、纪录片、电视剧等，具体形式需根据节目的目标和受众群体的喜好来选择。

（三）节目策划书编写

一旦确定节目概念，策划团队需要编写节目大纲。大纲应包含节目的主题、内容概述、节目结构和时间安排等信息。大纲应清晰明了，以便团队成员能够理解和执行。这一步骤的目的是为节目的后续制作提供清晰的指导和规划。

策划书又称为策划案，一份完整的视听节目策划书需要涵盖多个关键要素，以确保节目从创意到实施的全过程都有明确的指导和规划。在实际操作中，不同的节目策划书的写作重点不同，一般来讲，策划书需要涵盖以下要素。

（1）节目名称：节目的命名需要与节目风格相一致，成功的节目名称都具有个性且引人注目，还应该简洁，易于记忆。

（2）节目宗旨：包括节目的定位、节目的核心价值和立意等。

（3）节目目标：包括明确节目的预期效果、市场需求分析、竞争分析、目标受众分析等。

（4）节目内容：说明节目的具体表现形式，如综艺、访谈等；详细阐述每一期节目的主题、故事线、嘉宾安排等。

（5）节目结构：描述节目的整体架构，各个版块的合理分布设置，包括开场、正文、结尾等部分的安排。

（6）节目特色：突出节目的独特卖点和创新之处，吸引观众和投资者。

（7）节目播出：节目播出时间及各版块的时间合理安排等。

（8）制作步骤：前期筹备，包括创意构思、市场调研、团队组建、预算制定等；拍摄计划，明确拍摄地点、时间、设备需求、人员安排等；后期制作，包括剪辑、配音、特效制作、音乐添加等；制定详细的制作时间表，明确每个阶段的起止时间和关键节点。

（9）预算计划：包括人员费用，导演、编剧、主持人、嘉宾、演员等的酬金；设备费用，拍摄设备、后期制作设备的租赁或购买费用；场地费用，拍摄场地的租赁费用；其他费用，如道具、服装、化妆、差旅等费用；制定预算明细表，以表格形式列出各项费用的具体金额和预算来源。

（10）宣传与推广：包括宣传目标、宣传渠道、宣传计划、宣传预算分配等。

（11）风险评估与应对措施：分析可能影响节目制作和播出的各种风险因素，如资金短缺、技术故障、人员变动等；对识别出的风险进行评估，确定其发生的可能性和影响程度。针对每种风险，提出具体的应对措施，如制定备用方案、购买保险、加强风险管理等。

（四）实施与调控

节目策划书编制完成之后，需要经过可行性论证，并经过专家评定、集体审定、领导审定等环节最终确定。

在实施的过程中要做好任务分解，将计划进行总体规划，明确分工。同时对计划实施过程进行监管和调控，主要包括建立相关组织监管机构，编制具体工作日程，建立健全相关沟通、通报制度，以保障项目的顺利实施。

二、视听节目策划的创新路径选择

在媒介技术革命与受众需求迭代的双重驱动下，视听节目策划的创新路径已从单一的内容改良转向系统性变革。结合全球前沿实践案例，视听节目策划的创新路径有技术融合、形态突破与生态重构三个维度。

（一）虚实交融的体验革新

技术融合正在重构视听节目的存在形态与感知方式，媒介技术已从工具属性升华为内容本体。这一认知在视听节目创新中体现为三大实践方向。

1. 扩展现实（XR）的场景革命

虚拟制片技术打破了物理场景的时空限制。迪士尼《曼达洛人》采用的StageCraft系统，通过LED穹顶实时渲染虚拟环境，使演员在拍摄现场即能感知数字场景的光影变化。这种技术具现化不仅将后期制作周期缩短60%，更创造出沉浸式表演空间。国内虚拟偶像竞演节目如《2060》，运用全息投影与实时动捕技术，使虚拟角色与真人主持同台互动，构建出"跨次元"的叙事场域。

2. 人工智能的创意协同

生成式AI正从辅助工具进化为创作主体。央视《中国诗词大会》引入的"AI飞花令"系统，基于GPT-4架构实现诗词意象的智能联想与意境生成，在保持文学性的同时，将选手应对时间从平均12秒缩短至7秒。韩国MBC《AI歌手大战》更突破性地让深度学习模型自主创作旋律，经测试，AI生成曲目的观众接受度达78%，与专业作曲家的差距收窄至9个百分点。

3. 神经交互的情感共振

脑机接口技术开启了受众参与的新维度。Netflix实验项目《黑镜：潘达斯奈基》，通过佩戴式EEG设备捕捉观众脑电波，当α波（放松状态）与θ波（深层情感）达到特定阈值时，剧情将自动触发分支叙事。测试数据显示，这种神经交互使观众情感投入度提升43％，记忆留存时长延长2.8倍。国内《最强大脑》节目组正在研发的"认知竞技场"系统，可通过眼动追踪实时分析选手解题策略，为科学竞技类节目创造新的观察维度。

（二）边界消融的形态革新

在媒介融合的催化下，节目形态重组为三种典型跨媒介叙事范式。

1. 纪录片语法的综艺化转译

纪实性与娱乐性的化合反应催生新物种。B站《守护解放西》将派出所日常观察与真人秀规则相结合，通过"警务纪实＋社会剧场"的叙事策略，使普法教育的接受度在18～24岁群体中提升至91％。这种形态创新遵循"真实素材戏剧化重构"原则，运用电影级跟拍（单集素材比达120∶1）、悬念剪辑（每8分钟设置叙事钩子）、角色塑造（民警人物弧光设计）等纪录片手法，注入综艺节目的节奏张力。

2. 短剧生态的互动化演进

移动传播催生的"微时段"消费，推动节目形态向交互式短剧进化。抖音《2023剧情王》大赛涌现的"分支剧"模式，允许观众通过点赞决定剧情走向，单集平均互动次数达58万次。这种进化包含三重突破：时长压缩至3～5分钟的"电梯时间"、竖屏构图重构视觉语法（主体占比提升至画面75％）、触摸交互重塑叙事权力（用户成为隐形导演）。爱奇艺《迷雾剧场》推出的"探案线索包"，将正片关键证据做成实体道具同步发售，实现线上线下叙事的齿轮咬合。

3. 文化 IP 的跨媒介增殖

传统文化资源的创新转化呈现矩阵式发展，让文化 IP 形成跨媒介繁殖生长。河南卫视"中国节日"系列开创的"网剧＋网综＋短视频"三体联动模式，使单个 IP 开发效率提升 3 倍。《端午奇妙游》以先导网剧铺垫人物关系，综艺特辑解密创作过程，短视频矩阵（30 秒精华版＋5 分钟解读版）实现多平台渗透。这种形态创新遵循"原子化拆分－情感化连接－场景化重组"的增殖逻辑，使文化符号在移动互联网场域获得裂变新生。

（三）参与式共创的生态网络

Web3.0 时代的节目创新正在突破"生产-消费"的二元结构，构建起用户深度参与的价值共创体系，形成多元主体的行动者网络生态。

1. UGC 生态的工业化升级

用户生成内容（UGC）从补充素材发展为核心生产链。快手《时空店铺》节目构建的"全民编剧"系统，通过 AI 剧本助手降低创作门槛，观众提交的故事线有 17％被采纳为正片内容，同时获得 NFT 数字藏品奖励。这种 PUCG（Professional User Generated Content）模式建立三级过滤机制：创意众筹（开放故事宇宙设定）、协同创作（区块链记录贡献值）、价值共享（版权收益按贡献分配），实现内容生态的民主化重构。

2. DAO 组织的制作革命

去中心化自治组织（DAO）正在改写节目生产规则。美国实验项目 *Decentralized Pictures* 通过区块链平台筹集制作资金，持币者投票决定剧本选题、选角名单乃至分红方案。这种机制消除传统制片层级，使决策效率提升 40％，成本损耗降低 28％。国内《元音大冒险》试水的"元宇宙制片厂"，允许观众通过数字分身参与场景设计，节目最终采纳的 23 个虚拟场景中，有 14 个源自用户提案。

3. 数字孪生的价值循环

节目衍生品从实体周边进化为数字资产。湖南卫视《声生不息》推出的"数字黑胶"系列，结合区块链技术实现音乐版权的碎片化交易，单期节目产生的数字藏品二级市场交易额突破 2000 万元。这种创新构建起"内容消费－资产确权－价值流转"的闭环：观众在观看节目时积累情感价值，通过购买数字藏品实现情感资本化，而藏品升值又反哺内容再生产，形成螺旋上升的价值飞轮。

技术融合、形态突破与生态重构成视听节目创新的"黄金三角"，三者相互渗透形成持续迭代的创新生态系统。未来的突破点将出现在三个交叠领域：神经交互技术与分支叙事的深度耦合、AIGC 驱动的内容自生长系统，以及 DAO 架构下的全球协同创作。但创新实践需始终锚定价值基准——技术应用应增强而非消解人文关怀，形态突破需服务而非取悦受众，生态重构要创造而非掠夺文化价值。唯有把握这种动态平衡，才能在创新狂潮中培育出具有持久生命力的内容物种，推动视听艺术向更高维度进化。

第三节　中国原创节目模式"出海"策略

近年来，中国视听节目模式跨国流动也日益增多，一批中国原创节目进入全球节目模式市场，《国家宝藏》《经典咏流传》等文化节目版权被多个国家引进，成为世界"看"中国的重要窗口。对于如何将中华文化有效融入全球价值链生产，重构中国节目模式价值生产具有积极意义。

一、从"输入"到"输出"：中国节目模式"出海"进阶历程

节目模式（television formats）也被称为节目样式、版式等，是指一系列特定要素和可用于制作电视节目的"标准化"操作流程，在节目交易中也被称为"宝典"（bible），包括主旨、脚本、程序、场景等节目框架，制作者可以在此框架内结合市场需求进行本土化生产。节目模式本身就蕴含着市场逻辑。由于我国电视业市场化改革的渐进性，直到 20 世纪 90 年

代，国内才开始引入节目模式，开启逐步融入国际市场的历程。

（一）肇始期：模仿与引进

20世纪90年代末期，刚面向市场的中国电视业内容生产能力较弱，这一时期的电视节目多是对海外节目的借鉴与模仿，如央视1996年开播的《实话实说》借鉴了美国王牌节目《奥普拉脱口秀》的节目模式，同时，央视也开始尝试引进海外节目模式，如《城市之间》《开心词典》等。但由于当时版权意识淡薄以及相关法律尚不完善，《开心辞典》的热播，使其他台很快克隆出一批益智问答类同质化节目，这些模仿节目丰富了当时内容匮乏的国内电视荧屏，但另一方面更折射出早期中国节目版权意识的淡薄。

（二）探索期：从引进改造到联合研创

自2011年开始，互联网发展对传统电视业产生冲击，同业竞争也日益加剧，与此同时，"限娱令"颁布。在此背景下，电视台为减少制作成本与市场风险，引进海外成功节目模式进行本土化改造成为首选。在这一时期，引进国外成功节目模式推出的《中国好声音》《爸爸去哪儿》等都获得很高的收视率，带动国内引进节目模式的热潮。

除此之外，一些电视台也尝试与海外制作公司联合研发节目模式。一些制播分离的民营专业公司、海外版权方也参与到对节目的引进改造中，如《中国好声音》等都是严格遵照海外节目"宝典"流程。这一时期我国电视业对节目模式有了更深的认识，但同时，对引进模式的过度依赖也带来文化安全的隐忧。2016年国家新闻出版广电总局出台一系列管理政策，对海外模式实行"限模令"，同时，鼓励国内节目自主创新。

（三）发展期：从自主创新到"造船出海"

在市场与政策的双轮驱动下，2016年以来，我国开始涌现大批优质原创节目模式，其中不少节目走向海外，如2018年《朗读者》节目模式和图书被德国出版社订购，各类原创综艺节目模式如《声入人心》《我就是演员》等版权也纷纷被海外购买，为国内节目模式自主创新注入一剂"强心针"。

更多媒体不局限于依托海外平台发行，而是自建海外平台对外提供立体化服务，如央视旗下的海外版客户端Sinow TV囊括央视内容资源，形成对欧美、东南亚等区域的覆盖。另外，腾讯视频推出海外版WeTV，爱奇艺、优酷等推出海外版App。多元数字平台的搭建，使中国原创节目模式直接面向海外。

二、从"跨"到"转"：中国原创节目模式的价值链重构

经过20多年的发展，中国原创节目模式对外输出经历了从最初的无人问津，到现在的打破文化壁垒与世界对话，其实质是顺应全球传播新格局，由本土价值链转向全球价值链生产的过程。学者们将"转文化"视作对跨文化传播在当下现实的修补与提升，强调多元文化在平等交融与杂糅中，兼容并蓄地实现创造性表达与文化转型。从"跨文化传播"到"转文化传播"对探讨中国原创节目如何坚定文化自信，融入全球价值链开发具有启发意义。

（一）模式内核：深耕文化基因，打造"模因"产品

与跨文化传播强调文化异质性所不同的是，"转文化"更强调异质文化的共通性，不是强势文化对弱势文化的征服与吸纳，而是"你中有我，我中有你"的文化杂糅。在数字传播的新全球化时代，转文化传播的重要形式就是"模因"。"模因"（meme）又称为"迷因"，共享、模仿、变异是模因传播的重要特征，在数字技术加持下，能在一定时间内达到裂变式传播效果。

节目模式的内核即创意理念，根植于原产国的文化土壤。中国原创节目模式的基因就是中华文化，但要将此基因打造成"模因"，就要提取中华文化与其他异域文化间的"最大公约数"，增加文化间的黏性，又不稀释主位文化的独特性。因此，中国节目模式内核要挖掘中华文化与其他文

化间的通约性，精确建构具有高度认同的文化表达创意。比如《国家宝藏》等文博类节目能获得海外受众接受与情感共鸣，就是具备各国文化共通的博物馆文化；而《这！就是街舞》《这！就是灌篮》等节目则是立足于各国青年人追捧的流行文化，其中又渗透并传递着中国青年真诚、团结、积极、奋斗的文化内涵。这些节目将中国文化进行国际化表达，不是中外文化的表层嫁接，而是深层次的"转文化杂糅"。兼顾普适与特殊的文化杂糅具有通约性，既能摆脱中华文化国际传播中"自我东方化"的局限性，也能避免加深国际受众对中华文化的刻板认知，形成中华文化参与全球性对话的基础，推动中华文化国际传播走向"共享意义"。

新全球化时代的"文化杂糅"要求文化产品从生产初始就要着眼不同文化的融合，形成新的文化样态。中国节目模式在研发之初就要立足国际视野，打造内核渗透中华文化基因的模因产品，促成不同国家的引进接受，在多元文化参与对话中带动中华文化国际传播。

（二）模式外壳：寻求文化共通，嵌入"在地"语境

"跨文化"强调异质文化的壁垒与跨越，"转文化"则强调文化间的共通与交融，即寻求文化共通的再生产。在全球新的传播秩序下，文化传播是不断互构转型的历史过程，多元文化主体间积极的传播实践能促成不同文化的互通共荣。

节目模式的外壳即是被称作"宝典"的节目制作框架，节目模式能够进行跨国行销并流行，其主要原因在于节目模式的"可移植性"特征。吉登斯针对现代性与全球化时提出"脱域"概念，指社会行动从地域化情境中提取出来，跨越时空的距离去重新建构社会关系。节目模式作为文化产品的"脱域"机制，即可以超越文化和地域特征，并结合原产地以外的地方文化情境进行再生产。"脱域"不是指完全脱离原生地域，而是强调"可移植性"，将专属某种文化解读的特定元素移除，保持模式元素对各种文化解读的兼容性与开放性，进行重新"在地化"生产。全球流行的节目模式都倾向于表现人性的母题、全球性社会议题以及生活日常，都立足于人类的同理心。

基于"脱域"与"在地"的转化，"去文化化－再文化化"是全球化文化工业的产制特征，具有此特征的节目模式外壳成为一种超级能指，能将原创地文化的特殊性纳入框架表达之中，而成为一种普适且可再生产的产品。近些年，中国成功对外输出的节目模式如《国家宝藏》《我们的歌》等都是根植于中国文化，又有国际文化的共通性。《国家宝藏》的文博文化，《我们的歌》中经典音乐的怀旧记忆、代际交流，其所表达的情感是超越国界的，能嵌入到在地文化的语境与需求中，获得不同文化观众的共情。以转文化传播理念指导中国节目模式对外输出，不是局限于中国文化的自我独白，而是挖掘中国文化与人类情感共通的价值内涵，将其嵌入节目框架规则中，使中华文化的精神内核融入当地文化，实现文化融合产品真正意义上的落地和传播。

（三）模式流通：依托数字赋能，开拓"复调"平台

数字赋权重构了一个全球连接的传播网络，转文化传播注重全球传播中不同文化在深度交流中加深认同，在吸收与转化中实现文化的传播与传承。

数字平台是全球传播的基础设施，也是全球节目模式流通的基础设施。近年来，中国也开始积极探索数字平台的"造船出海"，如在日本、印尼，"Tik Tok"已转化为符合当地文化理念的流行新模态；央视海外版客户端Sinow TV，上海文广全球iFORMATS节目模式库，以及社会化媒体建立的海外平台，主流媒体、平台型媒体、社交自媒体形成了"复调式"传播，使中国节目对外输出弥补了单纯国家叙事的短板。让多元主体参与到中国节目对外传播中来，能有效促进中国节目国际传播的"被看见"，形成中国节目海外市场的反向营销。比如很多海外观众对中国节目的喜爱首先来自社交短视频的片段，然后推动这档节目在本土的引进落地。中国节目模式海外传播的复调式系统，提升了节目模式对外传播的多层传播活力，推动了中国节目模式从"借船出海"到"造船出海"的蜕变。

三、建构中国原创节目模式"出海"的良性生态

中国原创节目模式已向国际市场迈出了重要一步，但就整体而言，中国原创节目模式对外输出仍存在一些瓶颈。其主要原因首先是中国原创节目生产尚处于起步阶段，未形成成熟稳定的产业发展模式；其次，中国大多数原创节目模式化不够充分，缺少"宝典"及独特的品牌标识，在国际市场中拥有多大程度的版权存在不确定性，面临一定的市场风险。另外，如何将中国文化自然融入模式价值链环节中，实现真正意义上的大规模海外落地，仍需要积极探索。要解决这些问题，就需要建构提升中国节目模式原创能力的良性生态。

（一）面向国际市场，加强产业对话

节目模式生产包括研发、制作、发行及相关政策等系统性创意产业，中国节目模式对海外市场不仅要"走出去"，更要"走进去"，首先就要从产品研发开始面向国际市场，从以往只注重本土价值转向到全球价值思维，从兼顾本土与国际市场价值共享的标准去考量节目模式生产，创意研发真正有国际化潜力的产品，加强与国际市场的对话。其次，加强与主流国际节目市场的合作，培养兼具本土与国际视野的创意、制作与发行人才，掌握国际通行的节目模式生产与运营流程，提升与国际市场的对话能力。

政策调控与扶持能够为节目创意提供更好的政策环境。当前国内节目市场还存在区隔化、制播分离和利益分配不均衡问题，使得同质化节目较多、原创力不足，难以获得国际市场认同。从全球文化创意产业来看，在国际市场具有竞争力的产品往往来自国家政策基于全球价值链调控的国家，其政策调控能平衡产品研发与产品流通之间的利益。只有最大限度保护创意方的利益，才能激发面向全球市场的创意研发活力。

（二）打造模式宝典，强化版权意识

模式宝典是节目模式国际市场流通的标配。一档节目进入国际市场流通，需要进行模式化的提炼与书面总结，成为节目模式宝典，才能受到相关版权法律的保护并进行流通。尽管近年来中国原创节目产制能力有了很大的提升，但很多节目仍缺乏模式化意识，没有形成规范化的模式宝典，不仅制约了节目模式的版权保护，也局限了节目模式的海外输出。

国际市场成功的节目模式大多具备有吸引力的标题，以及标志性的标识、环节等要素，这些要素具有开放性，可实现不同文化的转换。近年来，一些受到国际市场认可的中国节目中也多包含这些要素，如有将人工智能与娱乐性相结合的《机智过人》，有将文博文化进行活化展现的《国家宝藏》等。这些节目有独特的核心创意、可辨识度的结构特色，既有模式产品的规范性和文化产品的兼容性，在获得相关版权法律保护的同时，也能获得国际市场的青睐。中国节目模式还需要加强工业化、规范化的产品意识，并强化对文化创意的版权保护。

（三）提升文化融合，创新价值转化

节目模式进行国际市场对话需要克服"文化折扣"，如果节目模式中包含过于凸显的本土文化符号，并不利于在其他国家进行本土化转化。节目模式分为显性层面和隐性层面，显性层面为可见的标识、框架结构等要素，隐性层面为意义表征。中国文化通过节目模式进行国际传播，不是简单进行外化符号的植入，而是从外化符号的浅表层深入到中华文化的精神内涵，将文化内涵融化到节目模式内核与外壳之中，实现价值的创新转化。

立足于转文化传播理念，中国原创节目模式需要挖掘中华文化与其他文化的共通性，在产品流程化的模式宝典中，将中国文化内涵转化为有吸引力的节目创意、共通性的文化表达，并建构起具有兼容性、开放性的文化阐释空间，使中国文化与其他文化进行交汇、融合，实现本土文化在节目模式隐性层面的价值转化，使中国文化得到真正意义的传播。

　　面对日益复杂的新全球化传播生态，转文化传播理念为中国节目模式融入国际市场提供了创新路径，努力打造渗透着中国文化基因又具有走向国际市场共享价值的文化产品，使"中国制造"节目模式能与国际优质节目模式比肩，是提升中华文化国际传播力和影响力的应有之义。